dtv

»Wird das Kind seiner Mutter jemals verzeihen können, daß sie ihm den Part desjenigen vorenthält, der es erzeugt hat?« Ausgerechnet eine Frau – und Mutter – formuliert diese provokante und angesichts der zunehmenden Zahl alleinerziehender Mütter hochaktuelle Frage. In ›Die Söhne des Orest‹ schildert Christiane Olivier die Folgen der vaterlosen Erziehung für die Söhne. Sie zeichnet den Weg von der naturgegebenen vorrangigen Rolle der Mutter bei Schwangerschaft und Geburt bis zum »mütterlichen Egoismus« nach, welcher – gefördert von Staat, Medizin, Religion und natürlich von der Abwesenheit des Vaters – der Frau den Status des einzigen unverzichtbaren Elternteils zuerkennt. So fehlt dem Kind ein positiv besetztes männliches Rollenbild. Olivier fordert die Männer auf, sich zu ihrer Verantwortung als Väter zu bekennen. Ihr Plädoyer für den Vater bietet sowohl aus psychologischer als auch aus soziokultureller Sicht wertvolle Ansätze zur Lösung dieses Problems.

Christiane Olivier studierte Literatur und Psychologie und ist seit 1968 als Psychoanalytikerin tätig. Zunächst der Lacan-Schule angehörend, entwickelte sie ihren eigenen Ansatz, der die psychoanalytische Theorie um die weibliche Perspektive erweitert und auch für Laien verständlich ist. Christiane Olivier ist verheiratet und hat drei Kinder. Sie lebt und arbeitet in Südfrankreich. Auf deutsch sind von ihr bisher ›Jokastes Kinder‹ (1987) und ›F wie Frau‹ (1991) erschienen.

Christiane Olivier

Die Söhne des Orest

Ein Plädoyer für Väter

Aus dem Französischen von Christiane Landgrebe

Deutscher Taschenbuch Verlag

Von Christiane Olivier
sind im Deutschen Taschenbuch Verlag erschienen:

Jokastes Kinder. Die Psyche der Frau im Schatten der
Mutter (35013)
F wie Frau. Psychoanalyse und Sexualität (35101)

Ungekürzte Ausgabe
April 1997
1997 Deutscher Taschenbuch Verlag GmbH & Co. KG, München
© 1994 Editions Flammarion, Paris
Titel der französischen Originalausgabe:
Les Fils d'Oreste
© der deutschsprachigen Ausgabe:
1994 ECON Verlag GmbH, Düsseldorf, Wien, New York und Moskau
ISBN 3-430-17302-7
Umschlagkonzept: Balk & Brumshagen
Gesamtherstellung: C. H. Beck'sche Buchdruckerei, Nördlingen
Gedruckt auf säurefreiem, chlorfrei gebleichtem Papier
Printed in Germany · ISBN 3-423-35131-4

Inhalt

Vorwort

Das weiße Theben oder das rote Mykene, Schauplatz der inzestuösen Liebe von Mutter und Sohn oder der Ort, an dem eine Mutter, die ihren Mann getötet hatte, mit ihrem Liebhaber lebt ... Und in beiden Königreichen Kinder, die unter dem Schicksal, das ihnen ihre Eltern auferlegt haben, leiden müssen.

Jokaste, eine Mutter, die, weil ihr Mann zu lange abwesend ist, ihren Sohn zu sehr liebt, ein Schicksal, dem kein Sohn entrinnt. Jeder Mann war einmal ein kleiner Ödipus, der allein seine Mutter liebte, und wir haben an anderer Stelle[1] bereits die langen Wege und endlosen Folgen einer solchen Liebe untersucht.

Klytämnestra, eine Mutter, die ihren Gatten zugunsten ihres Liebhabers verleugnet, ihren Kindern den Vater raubt und ihnen einen anderen Mann vorsetzt, der nicht der Vater ist, aber dessen Platz einnimmt, da er die Mutter liebt ... Kann man moderner und versierter sein in dem tiefenpsychologischen Problem der Stellung des Vaters als Sophokles vierhundert Jahre vor Christus?

Immer ist es das Problem des verschwundenen Vaters,

das manchmal durch den Bruder ersetzt wird (Antigone), das bei Kindern Besorgnis und Aggressivität gegen die Mutter oder gegen den Vormund oder Liebhaber auslöst, gegen jeden, der es wagt, an die Stelle des Vaters zu treten. Der Chor trägt die Argumente vor: Die Mädchen sind Halbwaisen ohne Vater, die Jungen erheben sich zu Richtern über den Mann oder die Frau, die den Vater vertrieben hat. Alles endet in der gewaltsamen und dramatischen Tat des Sohnes, der mit einem Dolch in die Gemächer seiner Mutter eindringt, um sie zu töten: Ödipus und Orest wollen beide das am Vater begangene Unrecht rächen.

Orest stellt die Frage von heute: Kann man es vermeiden, einer Mutter unbewußt böse zu sein, weil sie an ihrem Kind den Anteil dessen, der es gezeugt hat, leugnet? Wie viele Oreste und Elektras von heute machen ihrer Mutter den Vorwurf, allzu große, ungeteilte Macht zu haben, und hegen im tiefsten Innern Rachegefühle. Diese bringen sie dazu, Sozialdelikte zu begehen, die man nur mit ihrem Bedürfnis erklären kann, sich gegen die Macht aufzulehnen, die ihnen ungerecht erscheint. Es gibt zahllose Hamlets, die wie gefangen sind, weil sie zärtlich jene Frau lieben, der sie zugleich anlasten, daß sie ihnen den Vater wegnahm. Zahllose Väter wissen nicht, ob sie im Interesse ihres Kindes dem Wunsch der Mutter oder dem Willen des Gesetzes entsprechend diskret in den Schatten treten und versuchen sollen, diesen Teil ihrer Selbst zu vergessen und einer Frau (oder auch einem anderen Mann) zu überlassen, oder ob sie sich gegen das ungerechte Gesetz auflehnen sollen, das das Kind der Mutter zuspricht.

8

Was bedeutet ein Kind für eine Mutter, das es für einen Vater nicht bedeutet? Dieser ist weniger bereit als sie, sein Leben auf das Kind auszurichten.

Ist es von Nachteil für ein Kind, allein mit der Mutter zu leben und nichts von seinem Vater zu wissen? Inwieweit können die zahlreichen Unterrichtsreformen Kindern von Nutzen sein, die auf ihrem Weg das »Männliche« verloren haben, Genus und Numerus verwechseln und ihren Singular nicht mit dem Plural ihrer getrennten, geschiedenen oder zerstrittenen Eltern zusammenbringen können? Dieses Buch kommt einer Orthographiestunde gleich, die vermitteln will, daß männlich und weiblich nicht nur Grammatikregeln sind, sondern Gesetzmäßigkeiten des Individuums, denen der Mensch zum erstenmal in der frühen Kindheit innerhalb der Familie begegnet.

Wie verhält es sich mit Vater und Mutter während dieser ersten Lebensjahre? Welchen soziologischen Gesetzen verdanken wir es, daß der Stellenwert des Vaters heute so gering und der der Mutter weithin anerkannt ist?

Was waren Vater und Mutter zu Beginn unseres Zeitalters, und was sind sie heute?

Kapitel 1

Der Vater in der Geschichte

In der Geschichte Griechenlands hatte der Vater ein Recht über Leben und Tod seiner Kinder. So stellen es Aischylos, Euripides und Sophokles in ihren Tragödien dar, in denen Mythen verarbeitet sind.

Der *pater familias* der römischen Kultur erscheint weniger grausam, obwohl ihm seine Allmacht, *patria potestas*, Rechte über seine Kinder verleiht. Die rituelle Geste, mit der er das ihm zu Füßen gelegte Neugeborene aufhebt oder nicht, ist Ausdruck seiner Macht, es als sein Kind anzunehmen oder aus seiner *gens* auszuschließen. Wenn er den Akt des *tolere liberum* vollzieht und das Kind aufhebt, bleibt es lebenslang sein Kind, er sorgt von nun an für sein materielles Wohlergehen und für eine seinem Rang entsprechende Erziehung. Außerdem wird es zum Erben all seiner Güter. In Rom spielte der *nomen* eine größere Rolle als der *germen;* während die biologische Mutterschaft eindeutig feststand, konnte die Vaterschaft abgeändert werden, und so konnte es dazu kommen, daß der Sohn eines Sklaven am Tisch der Herren saß.

Der römische Vater besaß die Freiheit, sein eigenes Kind anzunehmen oder abzuweisen; hatte er es aber als sein Kind anerkannt, war er verpflichtet, für seinen Lebensunterhalt zu sorgen, und hatte nicht mehr das Recht, es verschwinden zu lassen. Auf die Grausamkeit des Vaters in der griechischen Antike folgte die Willkür des römischen Vaters, in seine Familie aufzunehmen, wen er wollte, ohne Rücksicht auf die natürliche Liebe – auch dies eine grenzenlose patriarchalische Macht.

Zur selben Zeit spielte sich auf der anderen Seite des Mittelmeers, in jenem Raum, den wir heute den Nahen Osten nennen, das Drama von Vätern und Söhnen innerhalb der jüdischen Gesetze ab. Jeder Mann mußte mindestens einen Sohn haben, um die Erbfolge fortzusetzen. Waren ein Mann oder seine Frau unfruchtbar, konnte er nicht wie ein Römer auf ein *tolere liberum* zurückgreifen; hier zählten nur Blut und Abstammung. Deshalb erlaubte Jahwe dem Mann Seitensprünge oder Verstoßung der Frau, wenn diese unfruchtbar war. Es gab nur ein Gesetz, das Gesetz Jahwes, des einzigen, strengen Gottes, der einen Bund mit den Hebräern geschlossen hatte, deren Hüter Mose und seine Nachkommen waren. Sie besaßen die Gesetzestafeln und das, was wir die jüdische Thora nennen. Es war Aufgabe des Vaters, Jahwes Gesetz an seinen Sohn weiterzugeben, und so diente die Vaterschaft in diesem Land einem göttlichen Ziel.

Aus dieser Religion ging im ersten Jahrhundert das Christentum hervor, durch die Geburt Christi, des Sohnes Jahwes. Dieser war sein Vater, ohne daß dem eine Vereinigung eines männlichen und eines weiblichen

Wesens vorausgegangen wäre. Christus ist der erste, der allein vom guten Willen seines Vaters abhängt und nur diesen anerkennt.

Nach diesem Ausflug rund ums Mittelmeer können wir feststellen, daß in allen Religionen, welcher Art sie und ihre Lehren auch sind, die Überlegenheit des Vaters gesichert ist und sich nirgendwo ein Matriarchat entwickelte. Ganz im Gegenteil, jede Religion war auf ihre Weise bemüht, die Unterlegenheit der Frau und Mutter gegenüber dem Vater zu sichern, und in der muslimischen Religion des 7. Jahrhunderts sollte es nicht anders sein. In dieser Zeit gingen Frauen und Kinder nicht vor, sie kamen erst hinter den Männern.

Das Christentum oder die Religion der Väter

Kommen wir auf das Christentum zurück, das seit seiner Entstehung im 1. Jahrhundert entscheidenden Einfluß auf die Vorstellung von der Rolle des Vaters im Abendland hatte. Dieser Sohn Gottes, der Menschensohn, der im gesamten Alten Testament angekündigt und erwartet wird, sollte durch seine Worte und Taten unübersehbar Einfluß auf die Mentalität der Väter aller späteren Jahrhunderte nehmen.

Jesus, der sich Gottes Sohn nannte, hat seine eigentliche Familie immerfort verleugnet und die irdische Vaterschaft zugunsten der geistlichen Vaterschaft Gottes beiseite geschoben.

»Wenn jemand zu mir kommt und nicht seinen Vater und seine Mutter und sein Weib und seine Kinder und seine Brüder und seine Schwestern und dazu auch sein Leben haßt, kann er nicht mein Jünger sein« (Lk 14, 26).

»Wer Vater oder Mutter mehr liebt als mich, ist meiner nicht wert« (Mt 10, 37).

Er ermahnte die Menge und forderte sie auf, einander zu lieben, zugleich aber wandte sich seine Lehre gegen das herrschende patriarchalische Gesetz: Der Sohn hatte das Recht, seinen Vater zu verleugnen und sich statt dessen dem himmlischen Vater zuzuwenden.

»Nennt niemand auf Erden euren Vater, denn einer ist euer Vater, der himmlische« (Mt 23, 9).

Für Juden wie für Römer, die beide Achtung vor ihrem väterlichen Erbe hatten, war das, was Jesus von Nazareth predigte, einfach unannehmbar.

Bis dahin hatten alle Religionen dem Menschen geraten, den Göttern zu gehorchen oder einen Gott zu verehren, niemals aber war das geistliche Universum vom weltlichen getrennt worden, ebensowenig der einzelne von seiner Familie. In den Reden Jesu kommt eine Vaterschaft zum Ausdruck, die eher geistlich denn weltlich ist, und seine Schüler, die späteren Christen, verleugneten ohne Zögern ihre Familien und erklärten sich zu Verwandten Gottes und seines Sohnes.

Alle, die Christus folgen wollten, verzichteten auf die Vaterschaft »nach dem Fleisch« und wurden Väter »nach dem Geist«. Auf die Apostel folgten die Kirchenväter, Päpste, Bischöfe, Priester und Glaubensgemeinschaften. Alle waren der Meinung, man müsse, um Christi würdig zu sein, auf die Lust des Fleisches verzichten, insbesondere auf die Ehe, und für das Zölibat eintreten.

Sämtliche Kirchenväter der ersten Jahrhunderte

haben sich jener einer Kastration gleichkommenden Haltung angeschlossen. Der hl. Hieronymus erinnert im 4. Jahrhundert immer wieder an den Fluch, der über den Frauen und dem ehelichen Verkehr mit ihnen liegt, und der hl. Gregor teilt die Menschen in zwei Gruppen: die Enthaltsamen, die das Heil von Gott erwarten, und die »Gatten«, die der Versuchung erlegen und auf den Status der Ehe reduziert sind und einem niedrigen, vom körperlichen Vergnügen besudelten Stand angehören, welcher der Erhebung der Seele im Wege steht.

Von Paulus bis Gregor und Augustin gegen Ende des 4. Jahrhunderts wird die Ehe immer wieder mit der Liebe Christi zu seiner Kirche verglichen, die, wie wir wissen, rein spirituell war und viele Kinder hervorbrachte – schließlich ist sie der Ursprung der ersten Christen ... Beischlaf und Gebären von Kindern kamen in der Lehre Christi nie vor ...

Nachkommenschaft war ein Problem des Alten Testaments, Christus widmete sich eher der Sublimierung der Sexualität in der Keuschheit.

Solche Bibelstellen vermittelten die männerbegünstigende Moral der Hebräer und wurden im 5., 6. und 7. Jahrhundert mündlich vom Klerus verbreitet, bevor sie im 12. und 13. Jahrhundert durch die Übersetzung noch älterer Texte Unterstützung fanden, insbesondere Texte von Aristoteles, in denen kühnerweise von einem Unterschied der »Natur« von Mann und Frau die Rede ist. Für Aristoteles gehört die Frau in das Reich der Materie, der Mann in das des Denkens und des Verstands, was von vornherein die spezifischen Rollen beider Elternteile in der Familie eingrenzt.

Trotz Liebeslyrik und der Achtung vor dem Individuum, zu jener Zeit eine große Neuheit, war die christliche Theologie noch für lange Zeit von ihrem jüdischen Ursprung geprägt, die Frau blieb während des ersten Jahrtausends auf der niedrigsten Stufe der menschlichen Hierarchie. Das höfische Zeitalter erklärte sie zur Inkarnation des Bösen und betrachtete sie als Teufelin. Wie aber hätte sie Kinder zur Welt bringen sollen, die nicht wie sie auch vom Bösen gezeichnet und Träger aller Laster waren?

Zehn Jahrhunderte lang wurde das Mißgeschick Evas im Alten Testament zum Unglück aller Frauen und Kinder. Erst die Institutionalisierung der christlichen Ehe im 11. und die Verehrung der Jungfrau als Mutter im 12. Jahrhundert räumte den Frauen einen bescheidenen Platz in der Familie ein, der freilich ebenso gering war wie der Platz Marias im Leben Jesu. Ihre Rolle war auf die Versorgung des Kindes in den ersten sechs Jahren beschränkt. Man wußte damals nicht, daß sich das Unbewußte des Kindes und damit der Charakter des künftigen Erwachsenen gerade in dieser Zeit herausbildet und nur dann grausam und unerbittlich wird, wenn man ein Kind von Geburt an schonungslos behandelt hat. Mütter, die von vielen Schwangerschaften belastet waren, hatten kaum Zeit, mit ihren zahlreichen Kindern besonders zärtlich umzugehen.

Das Mittelalter

Mit der Institutionalisierung der christlichen Ehe im 11. Jahrhundert wurde die Vereinigung von Mann und

Frau zum Sakrament erhoben, womit der Klerus beabsichtigte, das Gesetz der Exogamie in den Griff zu bekommen, Zwangsehen zu vermeiden und Verstoßung und Konkubinat zu bestrafen. Eine durch einen Priester vollzogene Ehe war frei und unauflöslich und wurde zur Grundlage jeder Familie und Gesellschaft.

Indem man feststellte, wer der Vater eines Kindes war, entstand neben der evidenten mütterlichen Erbfolge eine zweite. Die Ehe begründete Verwandtschaftsbeziehungen, wurde zur Grundlage der gesamten Gesellschaft. Sie wurde Schlußstein des sozialen Gebäudes.

Der Vater erhielt durch die christliche Ehe das Recht, über seine Kinder zu verfügen und sie »im Herrn« zu bestrafen. Die Rechte und Pflichten des Vaters erstreckten sich auf die ganze Familie – Einwände konnte es nicht geben: Frau und Kinder waren gleich angesichts der moralischen Allmacht des Mannes.

Jahrhundertelang galten die Rechte der Väter absolut und unwidersprochen, da sie göttlichen Ursprungs waren. Dadurch, daß das Christentum das Bild des Vaters mit dem Gottes verglich, gab es dem Vater eine uneingeschränkte Macht über seine gesamte Familie. Lange Zeit gehörte das väterliche Recht der Züchtigung zu den spezifischen Attributen des Mannes. Erst 1790 während der Revolution wurde es in der Nationalversammlung eingeschränkt. Endgültig abgeschafft wurde es in Frankreich erst 1935.

Der Herr hatte einen breiten Rücken in der maßlosen Macht zu strafen, welche die Väter jahrhundertelang anwandten. Viele Neugeborene und Kleinkinder wurden dermaßen gezüchtigt, daß sie starben. Bis zum

Beginn des 20. Jahrhunderts wiederholten die Mütter immer wieder den berühmten Satz der Frauen des Mittelalters: »Bring es nicht um!«

Das andere vom Vater ausgeübte Recht bestand darin, zu entscheiden, ob ein Kind in den ersten Lebenstagen einer Amme übergeben wurde oder nicht. Dies war vom 13. Jahrhundert bis ins 19. Jahrhundert der Fall, zunächst bei adeligen Familien, dann im Lauf des 18. Jahrhunderts in allen anderen, selbst den einfachen, weil das Kind die Lebensgewohnheiten des Elternpaars beeinträchtigte.

Eine seltsame Zeit, in der es viele Geburten und nur wenig Kinder gab, denn die meisten starben, bevor sie zehn Jahre alt waren, weil es bei den Ammen keine ausreichende Hygiene gab und die Kinder zuwenig Zuneigung erhielten. Wenn sie mit sieben oder acht Jahren vom Land zurückkehrten und in ihrer eigenen Familie Fremde waren, wurden sie sogleich zwecks »Erziehung« in eine andere Adelsfamilie geschickt oder zu einem Handwerker, um einen »Beruf« zu erlernen, oder in eine Klosterschule, um Priester zu werden.

Weder Vaterschaft noch Mutterschaft waren bis ins 15. Jahrhundert eine Gefühlsangelegenheit. Ihre Pflichten gegenüber dem Mann zu erfüllen war das einzige Gesetz der Frau, der Mann hatte die Pflicht, seine Kinder anzuerkennen und zu erziehen oder erziehen zu lassen und ihnen später eine Position in der Gesellschaft zu geben – dies war alles, was den Mann zu beschäftigen schien.

Die Kinder großer oder weniger großer Familien wuchsen ohne Verwandtschaftsbeziehungen und ohne

Zuneigung auf, deshalb vertrauten sich damals auch viele Seelenwaisen Gott an, um einen Vater und Brüder zu haben: die kirchlichen Orden blühten auf, und die Berufung zum Klosterleben war eine Perspektive für all jene, deren Eltern zwar ihre Pflichten erfüllt, sie aber zuwenig geliebt hatten. Nie hatten die Orden soviel Zulauf wie zu jener Zeit.

Das Eindringen des Christentums in alle Schichten der Gesellschaft führte zu einer Abwertung der wirklichen Väter zugunsten der Liebe für den himmlischen Vater, und jeder Mann schien für sein Kind einen besseren »Vater« als sich selbst zu suchen. Die eigentlichen Väter verschwanden, die Mönche traten auf den Plan und bald auch die Beichtväter.

Der Vater im Humanismus

Während das gesamte Mittelalter das kleine Kind oft als eine Art kleines Tier ansah, aus dem allein Taufe und Erziehung einen Menschen machen konnten, war es im neuen Denken, das man »humanistisch« nannte, genau umgekehrt: Das kleine Kind galt bereits als Mensch.

Im 15. Jahrhundert wurden die Rechte des Vaters nicht in Frage gestellt, aber die Art und Weise, wie er dieses Recht ausübte, wurde einer langen, genauen Analyse unterzogen. Das Kind sollte nicht mehr Nutzobjekt sein, sondern wurde zum Menschen, den es zu lieben galt. Zum erstenmal erkannte man dem Vater die Aufgabe der Erziehung zu, und zwar in Frankreich, Deutschland, England und Italien gleichermaßen. Wenn die

Väter des 20. Jahrhunderts sich die Frage stellen, »wie man Vater sein kann« neben einer Mutter, die in der Erziehung des Kindes das Sagen hat, dann fragte man sich im 16. Jahrhundert: Wie soll man Vater eines Kindes sein, das niemanden hat als den Vater, um ihm den richtigen Weg zu zeigen? Damals gab es zahllose Abhandlungen über Familie, Ehe und Kindererziehung. Wenn im Mittelalter der Vater nach eigenem Gutdünken herrschte und verfügte, was mit dem Kind zu geschehen hatte, ohne sich je selbst um es zu kümmern, war der neue Vater der Renaissance bemüht, ein ehrenwerter, gerechter, die bestehende Ordnung respektierender Mann zu sein, der ebendiese Eigenschaften an seinen Sohn weitergab.

Die Humanisten wollten an der Spitze des Fortschritts sein und zitierten ausführlich die Quellen, über die sie nachdachten. Selbstverständlich kamen dabei auch Aristoteles und seine Theorie von der unterschiedlichen Natur von Mann und Frau wieder an die Oberfläche.

Wir verabschieden uns von der mittelalterlichen Erziehung der Kinder durch Furcht und Schrecken und betreten das Land, in dem Freundschaft zwischen Eltern und Kindern besteht. Der für seine Zeit revolutionäre Gerson schreibt: »Ohne Güte, ohne Sanftmut kann es keine Erfolge geben. Erasmus geht noch weiter. Bei ihm heißt es, die erste Aufgabe des Lehrers sei es, »dafür zu sorgen, daß er geliebt wird«. Sadolet und Montaigne dachten nicht anders, und für die meisten Humanisten taugen Schläge und Drohungen nicht für die Erziehung der kindlichen Seele.

Die wahre Erziehung beruht auf Vertrauen und Bewunderung gegenüber dem Vater.

Zum erstenmal betrachtete man das Kind als Subjekt. Seine Art, Welt und Menschen wahrzunehmen, wurde ernst genommen, damit man so früh wie möglich mit ihm kommunizieren konnte. Die frühe Kindheit erfuhr eine ganz andere Bedeutung.

Es war üblich, daß die Pflege des Neugeborenen der Mutter oder Amme überlassen wurde und das Kind nicht vor sieben oder acht Jahren seinem Vater übergeben wurde. Die Humanisten forderten, daß sich der Vater schon viel früher für sein Kind interessieren solle. Mehrere Abschnitte der Abhandlung über Erziehung von Sadolet handeln von den ersten Lebenstagen des Kindes, seinem Schlaf, seinen Träumen, dem Saugen, dem Ausfahren etc. Diese Schriften waren höchst wirklichkeitsfern für Männer, die meist ihrem Kind noch nie nahe gekommen waren und glaubten, es sei sehr großzügig und entgegenkommend von ihnen, es von der eigenen Mutter »nähren« zu lassen, da sie schließlich ihre Frau dafür zur Verfügung stellten und Schreien, Exkremente und schmutzige Windeln in ihrem Haus ertrugen.

Diese Ratschläge waren für eine Elite von Fürsten, Rittern und Adeligen gedacht, aber ihr Beispiel fand Nachahmung in niedrigeren Schichten. Es kam frischer Wind auf, und in Abhandlungen, Satiren und Theaterstücken wurden alle erbarmungslosen und nur ihren Vorteil suchenden Väter vergangener Jahrhunderte gegeißelt. Die Humanisten ebneten den Weg zur Kritik des eigentlich Unkritisierbaren.

Das Goldene Zeitalter des Vaters scheinen das 15., 16. und 17. Jahrhundert gewesen zu sein. Seine Autorität bildete das Zentrum der Familie, sie galt als natürliche Folge der Ehe. Der Vater sicherte die Zeugung der Nachkommen, sorgte für ihren Lebensunterhalt, wachte über ihre Erziehung und verschaffte ihnen eine ihrer Herkunft würdige soziale Stellung. Der Vater war verantwortlich für alles, was Sippe und Nachkommenschaft betraf.

Der Vater wurde von der Familie respektiert und schien bereits den höchsten Gipfel der Macht errungen zu haben. Die Reformation verstärkte sie noch um einiges mehr. Luther und Calvin begründeten in der Reformierung der Kirche im 16. Jahrhundert ein neues Vaterbild. Sie lasen die Bibel und entdeckten darin eine Moral, welche der der katholischen Kirche entgegengesetzt zu sein schien. Die Ehe wurde von den Protestanten als »gottwohlgefälliger Stand« (Luther) angesehen, für die katholische Kirche aber war das Zölibat der Stand, der Gottes Willen am nächsten war.

Die Protestanten erkannten eine Kirche, die von im Zölibat lebenden Vätern geleitet wurde, nicht an und hoben den Unterschied zwischen Priestern und Laien auf. Es blieb nur ein christliches Ideal übrig, das des Familienvaters, und die leibliche Vaterschaft wurde zur Lebensberufung des Mannes.

Der Vater wird zu einem regelrechten Priesteramt aufgefordert. Er wird Pfarrer in seiner Familie, wird mit der religiösen Unterweisung seiner Kinder beauftragt, wobei er sich des Katechismus Calvins oder Luthers bedient, der in der Form von Fragen und Antworten verfaßt ist, damit der Vater feststellen kann, wieviel sein Kind bereits weiß. Außerdem kann er jeden Abend eine

Stelle aus der Bibel vorlesen, die er gemäß seinem Glauben auslegt. Manche Väter verfaßten für ihre Kinder richtiggehende theologische Handbücher.

Der Vater in der Reformation erreichte einen so hohen Rang, daß viele gar nicht mithalten konnten. Und ebenso wie der Humanismus nur eine soziale Schicht erreichte, so bezog sich auch die Reformation nur auf eine bestimmte Gruppe von Intellektuellen. Der protestantische Vater näherte sich dem Neugeborenen ebensowenig wie der humanistische – auch er überließ es seiner Frau, die Kinder zu wiegen, und zog es vor zu warten, bis diese das Vernunftalter (sieben Jahre) erreicht hatten, um ihnen die ersten Grundlagen der Bibel zu vermitteln und ihnen beizubringen, beim Tischgebet die Hände zu falten.

Wenn Gott sich durch Vermittlung des Protestantismus dem Menschen genähert hatte, so war der Vater seinem Kind dadurch körperlich noch nicht näher gekommen.

Rousseau oder die Aufwertung der Mütter

Erasmus, Rabelais, Montaigne und Calvin hatten dem Kind die Würde eines Menschen verliehen, der mit Sorgfalt zu erziehen war, aber erst Rousseau lehrte im 18. Jahrhundert, daß ein Kind zwar erzogen werden, aber als menschliches Wesen vom ersten Tag an vor allem auch geliebt werden muß. Rousseau war weit davon entfernt, wie Fénelon zu glauben, daß der kleine Mensch mit einem kleinen Tier zu vergleichen sei, er war vielmehr der Meinung, daß er intelligent und empfindsam auf die Welt kommt. »Wir werden empfindsam geboren und werden von Geburt an auf verschiedenste Weise von den uns umgebenden Dingen affiziert.«[1]

Er begriff lange vor dem Amerikaner Dogson (1970), daß alles Entscheidende vor dem Alter von sechs Jahren stattfindet. Obwohl Rousseau seine eigenen Kinder ins Waisenhaus brachte, eröffnete *Emile oder Von der Erziehung* den Pädagogen ein völlig neues Geschichtsfeld. Väter und Mütter entdeckten zum erstenmal die Bedeutung der frühen Kindheit für die seelische Entwicklung und erfuhren, daß das Kind weder ein Tier noch ein Ungeheuer ist, sondern ein Wesen, dessen sensitive und motorische Entwicklung, wenn es auf die Welt kommt, noch nicht abgeschlossen ist.

Rousseau erhob die Stimme gegen die Entfernung des Neugeborenen aus seiner Familie, allein, um ihm frische Luft zu bieten, eine andere Milch als die seiner Mutter und eine Erziehung, die sein Vater ihm zu geben sich weigere. Rousseau zog zu Felde gegen beide Eltern, die ihre Pflicht nicht erfüllen: »Wo keine Mutter ist, ist auch kein Kind. Ihre Pflichten sind gegenseitig. Werden sie auf der einen Seite schlecht erfüllt, werden sie auf der anderen vernachlässigt. Das Kind muß seine Mutter lieben, ehe es weiß, daß es dies muß.« Und weiter heißt es: »Aber was tut dieser reiche Mann, dieser so von seinen Geschäften beanspruchte Familienvater, der, wenn man ihm glauben soll, gezwungen ist, seine Kinder im Stich zu lassen? Er bezahlt einen anderen Mann dafür, die Mühen auf sich zu nehmen, die ihm zu groß sind. Käufliche Seele! Glaubst du, deinem Sohn für Geld einen anderen Vater beschaffen zu können?«

An die Mütter richtet er folgende Bitte: »Wenn jedoch die Mütter sich dazu verstehen, ihre Kinder selbst aufzuziehen, dann werden die Sitten sich von selbst erneuern und in allen Herzen wieder die natürlichen Empfindungen erwachen ... Würden die Frauen wieder zu Müttern, würden die Männer wieder zu Vätern und Gatten.«[2]

Rousseau weist die Frauen darauf hin, daß die Mutterschaft in ihrem Leben einen wichtigen Raum einnimmt. Nach Erscheinen des *Emile* (1762) wurde es für viele Frauen zu einer Frage der Ehre, ihre Kinder selbst zu stillen und zu erziehen. Zum erstenmal wurde die Mutter-Kind-Beziehung aufgewertet, wie es etwa hundert Jahre später durch Freud geschah.

Ist Rousseau nicht derjenige, der dem Vater eine »von der Mutter vorgeschriebene« Aufgabe einräumte, wie Lacan es später mit dem »Namen des Vaters« tat und wie es jetzt durch ein Gesetz geschieht, das der unverheirateten Frau ermöglicht, den Namen des Vaters nicht zu nennen?

Die Frau »ist das Bindeglied zwischen ihnen und ihrem Vater, *sie allein läßt sie ihn lieben* und schenkt ihm das Vertrauen, sie die Seinen zu nennen.[3] Ein Mann ohne Frau kann nach Rousseau also im Kind nicht seine eigene Rasse und nicht die Fortsetzung seines Werks sehen. Hierdurch erhalten die Frauen eine psychologische Macht, über die sich heute viele »neue Väter« beklagen. Die Mütter, beeinflußt von Rousseauschen Schriften und unterstützt durch das medizinische und psychoanalytische Denken, haben heute eine Stellung, die ihnen ermöglicht, *allein* zu entscheiden, ob sie eine

Verbindung zwischen Kindern und Vater schaffen wollen oder nicht. Daher kommt es, daß ein Mann, der bei einer Scheidung von seiner Frau nicht mehr geliebt wird, plötzlich auch auf die Liebe seiner Kinder verzichten muß.

Zu Rousseaus Zeiten war die soziale Revolution nicht fern, aber die Revolutionierung der Familie begann bereits.

Von Abraham bis Rousseau hat sich das Bild der Familie vollkommen gewandelt, und waren die Väter früher mächtig, dann haben sie jetzt Pflichten. Seit Erscheinen des *Emile* 1762 lieben und erziehen sie das Kind. Dies ändert jedoch nichts daran, daß der Vater sich erst wirklich um sein Kind kümmert, wenn es kein »Kind« mehr ist, das heißt, wenn es nicht mehr von der Willkür oder den Wünschen der Erwachsenen abhängig ist. *Der Vater erscheint erst nach der Kindheit,* wenn das Kind Vernunftargumenten zugänglich ist oder wenn der Verstand die Launen beherrschen lernt: Psychoanalytisch gesprochen taucht der Vater erst auf, wenn *das Bewußte das Unbewußte zu beherrschen beginnt.* Deshalb ist ja auch immer vom Vernunftalter die Rede. Alles, was mit der Konfrontation von Wünschen des Unbewußten mit dem Unbewußten des anderen zu tun hat, geschieht bei der Frau. Und Rousseau, der glaubt, die Orientierung des Menschen und seiner Erziehung grundlegend zu verändern, greift nur die Spitze des Eisbergs an.

Wenn der Staat die väterliche Autorität ersetzt

Die französischen Enzyklopädisten – Wegbereiter des revolutionären Denkens – entwickelten Theorien, die bereits in England von Locke und in Deutschland von Pufendorf geäußert worden waren und nach denen die Autorität des Vaters nur während der Kindheit als legitim galt, nach Erreichen des Erwachsenenalters jedoch aufzuhören hatte.

In seiner Rede über das Vorhaben des Code civil rief Camacérès aus: »Die gebieterische Stimme der Vernunft hat sich endlich Gehör verschafft. Es gibt keine väterliche Macht mehr!«[4] »Überwachung und Schutz, dies sind die Rechte der Eltern, ihre Kinder zu ernähren, zu erziehen und ihnen einen Platz in der Gesellschaft zu geben, das ist ihre Pflicht.« So wurde die neue Vorstellung von Vaterschaft dem Konvent zwecks Aufnahme in den Code civil vorgelegt. Die Rechte der Eltern hatten sich in Pflichten gegenüber den Kindern verwandelt. Mehr als zwanzig Jahrhunderte hatte es gedauert, bis die Menschen begriffen, daß ihre Kinder weder Gegenstände noch Tiere waren, sondern mit Vernunft und Gefühl ausgestattete »menschliche Wesen«, mit einem Wort: »Subjekte«.

Damit brach die patriarchalische Ordnung zusammen – und mit ihr die Monarchie, die auf der Macht eines einzelnen beruhte.

König Ludwig XVI. wurde am 21. Januar 1793 der Kopf abgeschlagen, obwohl er gemäßigt und bereit war, Anregungen seiner Untertanen entgegenzunehmen.

Sein einziger Fehler bestand darin, die legitime Macht für sich zu beanspruchen und die Stelle des autoritären Vaters einzunehmen. Seine Hinrichtung war Symbol für das Verschwinden aller autoritären Väter. Balzac schrieb: »Als die Republik Ludwig XVI. den Kopf abschlug, schlug sie zugleich den Kopf aller Familienväter ab.«

Die Revolution stellte eher einen Vatermord als einen Königsmord dar, und man mußte eilig alle möglichen Fehler beim König finden, um mit ihm den »Vater des Volkes« zu töten. Seit dieser Zeit wurden die Rechte der Väter durch verschiedene Gesetze immer mehr angenagt. Im März 1790 wurde das Recht der Züchtigung durch ein Gesetz eingeschränkt, das die *lettres de cachet* abschaffte und Familiengerichte einführte. Im September 1792 wurde die Volljährigkeit auf einundzwanzig Jahre festgesetzt, seit 1793 müssen Väter das Erbe zu gleichen Teilen an ihre Kinder vererben.

Der Konvent schränkte die Rechte der Väter weiter ein und begünstigte Pläne zur Einrichtung einer öffentlichen Schule für die Kinder aller Bürger. Die Ausbildung der Kinder, einzige Aufgabe des Vaters in der Familie, wurde ihm genommen und der Republik übertragen.

Man fragt sich, ob Freiheit und Gleichheit zusammen existieren können. Das Kind entkommt der – wie man sagt – »despotischen« Macht seines Vaters und gerät sogleich unter die Fittiche der Gesetze der Republik. Ähnliches geschieht mit der unauflöslichen Ehe: Sie erscheint als ungeheurer gefühlsmäßiger Zwang und wird 1792 durch einen Vertrag freier Liebe ersetzt, deren Dauer unterschiedlich groß sein kann. So müssen die Kinder bei einer zweiten Ehe unweigerlich mit einem

Adoptivvater zusammenleben. Dieser Vater genießt großes Ansehen bei den Männern von 1789, weil er die Freiheit verkörpert, Vater nach dem »Herzen« zu sein und nicht nach dem Blut.

Der Wille des Mannes, Vater zu sein, ging von den Söhnen aus, die sich gegen die Unterdrückung durch ihre Väter auflehnten, und war legitim. Dieser für Männer des 18. Jahrhunderts ganz neue Gedanke war eine Ankündigung des Schicksals der Väter von heute, die nicht mehr nach ihrem Verlangen Väter sein können und in manchen Fällen auch nicht durch ihre Ehe ...

»*Pater est quem nuptiae demonstrant* (der Vater ist der, welcher durch die Ehe dazu erklärt wird). Dieser Grundsatz hatte jahrhundertelang als Definition des Vaters gedient und ist heute falsch. Nichts kann einem Mann heute garantieren, Vater zu sein und – vor allem – es zu bleiben. Weder die Ehe, deren Scheitern oder Scheidung in den meisten Fällen die Übertragung des Sorgerechts auf die Mutter zur Folge hat, noch das Konkubinat, in dem allein die Frau das Recht hat, ein Kind anzuerkennen und ihm einen Vater zu geben oder nicht!

Der Code civil Napoleons milderte eilig die Maßnahmen, die der Konvent gegenüber den Vätern ergriffen hatte. Die Großjährigkeit mit einundzwanzig Jahren wurde beibehalten, die Freiheit der Eheschließung erst mit fünfundzwanzig zugestanden. Das Züchtigungsrecht des Vaters wurde insofern wieder eingeführt, als Napoleon es den Vätern gestattete, ihre Kinder unter bestimmten Bedingungen ins Gefängnis zu schicken. Wie sollte ein Despot auch autoritäre Väter verdammen? Konnte ein Korse, der ein höchst ödipaler Sohn seiner

Mutter gewesen war, auf die väterliche Macht in der Familie verzichten? Lassen wir diesen machtgierigen Mann beiseite, und sehen wir uns an, was im von Kriegen und Revolutionen geschüttelten 19. Jahrhundert aus den Vätern wurde.

Zwei Dinge verändern die Familie des von Krisen und Revolutionen geschüttelten 19. Jahrhunderts und machen sie zu einer persönlichen, auf sich verwiesenen Welt: Die Medizin, die damals nur von Männern repräsentiert wird, stimmt bei jeder Gelegenheit den Sirenengesang wieder an, nach dem die Mutter stundenlang ihr Kind stillen soll. Die Männer mußten ihre Frau dem Kind opfern. Der Vater weiß, daß das Kind die ganze Mutter braucht, und so überläßt er diese wacker ihren Pflichten und sucht in den Armen einer anderen Zerstreuung, in anderen Betten, in denen man sich nicht Gedanken über die Beseitigung von Exkrementen machen muß, sondern nur über Düfte, Küsse, Sinnlichkeit und Zärtlichkeit redet. Die bürgerliche Familie des 19. Jahrhunderts bringt eine wahre Mutter und einen falschen Vater hervor, der keine genau festgelegten Pflichten gegenüber seinen Nachkommen hat, bevor sie vierzehn sind, denn die öffentliche Schule nimmt an seiner Statt die Unterweisung des Kindes wahr.

Zu seiner Entlastung muß man sagen, daß ein weiteres Phänomen das Leben des Mannes völlig verändert, denn seit Beginn des Jahrhunderts haben Automatisierung und Industrialisierung tief in die bisherigen Strukturen eingegriffen. Manche mittellosen Familien haben sogar ihre Felder verlassen, um in der Stadt in eine winzige Wohnung zu ziehen, weil es dort Arbeit gibt. Die Fabrikarbeit trennt den Vater den ganzen Tag von seiner Familie. Mutter und Kinder läßt er allein, da er den Lebensunterhalt für die Familie verdienen muß, wodurch er ein »guter Vater« ist. Immer mehr entfernt sich der Mann von den Seinen. Der Mann kommt abends in elender Verfassung nach Hause zurück; der kleinste Vorwurf seiner Frau oder Kindergeschrei genügen, um ihn aus der Fassung zu bringen, dann schlägt er seine Frau oder die Kinder.

Im 19. Jahrhundert wird die Mutter nach und nach zum einzigen Erwachsenen in der Familie, oft wird der Staat zum Zeugen der Brutalität ihres Mannes. Der Staat reagiert prompt, da er für das Glück aller dasein will, und verurteilt die völlig erschöpften und geschwächten Männer zu harten Strafen. Mitunter erklärt er sie zu »gefallenen Vätern«. Im Gesetz von 1889 heißt es: »Jeder Mann, der sich als unwürdiger Vater erweist, verliert seine Rechte.« Wer soll nun die Autorität aufrechterhalten? Der Staat unterstützt die Mutter, die allein die Aufgaben der Eltern wahrnimmt, mit Sozialarbeitern, Richtern und Kinderärzten.

Unter dem Vorwand besserer Kaufkraft verloren die Väter des 19. Jahrhunderts die Lebensqualität, die sie vorher besaßen und die sie, wenn nicht zu differenzierten Erziehern, so doch zu Vorbildern machte. Mit Aufkommen der Fabriken waren die Väter keine Vorbilder mehr, mitunter eher abstoßende Beispiele. Manchmal wurden die Kinder solcher Väter durch Sozialarbeiter aus der Familie entfernt und einer staatlichen Erziehungsanstalt übergeben.

Bevor wir das Kapitel beschließen, das vom allgemeinen Rückzug der Väter von den »liebenden« und »stillenden« Müttern handelt, die sich aufgrund der rousseauistischen und medizinischen Theorien des 18. und 19. Jahrhunderts entwickelt hatten, wollen wir noch auf die Folgen der Kriege von 1870 und 1914 hinweisen, welche die Väter wirklich von ihren Familien trennten: Die Hälfte von ihnen ist nie zurückgekehrt. Die Frauen mußten, ob sie wollten oder nicht, jahrelang die Doppelfunktion von Vater und Mutter erfüllen und taten dies mit Selbstsicherheit. Die Rolle der dem Mann Unterlegenen hatte sich gewandelt in die der triumphierenden Mutter – dank Rousseau und später dank Freud; für sie beide braucht das Kind zuerst eine Mutter und dann den Vater.

In zwei Jahrhunderten hat sich die starke Position der Väter verändert, einmal unter dem Einfluß der Philosophen und Psychoanalytiker, dann unter dem der politischen Verhältnisse; hier kamen alle Strömungen zusammen. Die Männer überließen erst die moralische Autorität der erziehenden Mutter, dann mußten sie sogar zur Verteidigung ihres Landes ihr Haus verlassen und an den Grenzen der Republik in Zelten hausen.

Während dieser Zeit wurden die Mütter für Staat und Gesellschaft immer mehr zu dem Elternteil, der die Hauptverantwortung für die Kinder trägt. Die Gesetze, die seit Mitte des Jahrhunderts erlassen wurden, bekräftigen die Schwächung der väterlichen Macht und Präsenz.

1935 wurden mit der Abschaffung des väterlichen Züchtigungsrechts neunzehn Jahrhunderte der oft unmäßigen, aber immer legalen Gewalt der Väter über ihre Kinder beendet. Zur selben Zeit wurde die Erziehungshilfe eingerichtet, mit der Familienprobleme ohne Mitwirkung der Väter geregelt werden. Seinen Höhepunkt erreichte das Verschwinden der väterlichen Autorität kurz nach der antiautoritären 68er-Revolte, als 1970 eine Justizreform den Begriff der »väterlichen Gewalt« durch »elterliche Gewalt« ersetzte, womit beiden Eltern die gleiche Macht über ihre Kinder verliehen wurde.

Die Mütter waren mündig geworden. In der Anerkennung der Volljährigkeit der Frau ging man jedoch noch weiter. Man gab ihr die Freiheit, ohne Vater Mutter zu sein. 1972 übertrug ein Gesetz über die mütterliche Generationenfolge im Fall einer Nichtheirat die elterliche Gewalt ihr allein. Diesmal wurde der Vater sanft aus dem Kinderzimmer gestoßen. Die Mütter einigten sich mit den sozialen Einrichtungen und erhielten günstige Wohnbedingungen, wenn sie unverheiratet waren. Wozu brauchte man noch einen Vater? Sehr bald wurde dies noch durch die Möglichkeit der künstlichen Insemination der Frau bekräftigt, die zwar in Frankreich verboten ist, aber privat oder im Ausland in aller Freiheit praktiziert werden kann. Hier stellt sich die schreckliche Frage: »Wozu ist ein Vater gut?« oder: »Was ist überhaupt ein Vater?« Auf diese Frage müssen die Männer von heute eine Antwort finden.

Seit den beiden Gesetzen von 1970 und 1972 haben sich neue soziale Strukturen entwickelt: gespaltene Familien mit einem Elternteil oder wie ein Puzzle neu zusammengesetzte mit mehreren Kindern verschiedener Väter und Mütter. Durch diese Entwicklung ist der Begriff der Vaterschaft revolutioniert worden, denn der biologische Vater kann sein Kind verloren haben und eine Vaterschaft des Herzens mit dem Kind seiner neuen Lebensgefährtin eingegangen sein (zwinkern wir den Revolutionären zu, welche die Idee einer Vaterschaft nach Wunsch im Gegensatz zur Vaterpflicht vorweggenommen haben).

Viele Männer und Frauen leben zusammen, ohne verheiratet zu sein, bilden jedoch eine stabile familiäre Gemeinschaft mit Elternvorbildern. Dieses sehr neue Phänomen ist nicht unproblematisch für Soziologen und Demographen unseres ausgehenden Jahrhunderts: Die Mutter ist immer noch wie zur Römerzeit *certa*, aber der Vater ist nicht der Mann, der die Mutter geheiratet hat. Wer ist es? Der, der das Kind gezeugt hat (selbst wenn er nicht mehr da ist), oder der, der da ist (selbst wenn er keine biologische Verbindung mit dem Kind hat) und die Mutter liebt, oder vielleicht der, den die Mutter zum »Wunschvater« des Kindes erwählt? Sollte der Vater etwa nur noch, wie die Psychoanalytiker sagen, derjenige sein, den die Mutter »nennt«?

Kapitel 2

Tod des mythischen Vaters

Ist Freud der Vater der Psychoanalyse? Oder nur einer ihrer Väter? Jeder beantwortet diese Frage anders, je nachdem, ob er alle Entdeckungen Freuds anerkennt – und seine Schriften angeblich sein Leben lang immer wieder liest wie heilige Texte – oder ob er fortsetzen will, was von dem Vordenker im Bereich des Unbewußten begonnen wurde, und sich selbst eher als gleichrangig versteht denn als »Sohn des Vaters«.

Ist es so einfach für einen Sohn, den gleichen Rang wie sein Vater einzunehmen? Freud, der mit dem Schema vom ödipalen Konflikt zwischen Sohn und Mutter und der Rolle der Frau bei der Entwicklung des Unbewußten beim kleinen Kind gut zurechtkam, sprach nie in vergleichbaren Worten vom Vater – er brauchte es nicht.

Freud schreibt: »Achten Sie gut darauf, das Seltsamste im Sexualleben des Kindes scheint mir folgendes zu sein: Seine gesamte Entwicklung findet in den ersten fünf Jahren statt.«[1] »In den ersten Jahren der Kindheit ensteht der Ödipuskomplex, in dessen Verlauf der kleine Junge seine sexuelle Lust auf die Mutter richtet.«[2] Von der

Mutter heißt es, sie würde »wahrscheinlich erschrecken, wenn man ihr die Aufklärung gäbe, daß sie mit all ihren Zärtlichkeiten den Sexualtrieb ihres Kindes weckt und dessen spätere Intensität vorbereitet . . .«[3]. So erklärt er deutlich, daß die erste und einzige Initiatorin des kindlichen Sexualvergnügens die Mutter ist oder die Frau, die sie ersetzt . . . So bedarf es nur einer Mutter, die sich gerne um ihr Kind kümmert, damit sich das Kind dem oralen, analen und dem Vergnügen der Selbstbefriedigung hingibt und mit seiner Mutter die prägenitalen Spiele schätzenlernt, die ihm später in seinem erwachsenen Sexualleben wiederbegegnen.

Freud, ein Mensch des 19. Jahrhunderts, glaubte, allein die Mutter befriedige Kinder beiderlei Geschlechts in den ersten Lebensjahren. Er war als Arzt vom Denken seiner Zeit geprägt, das in Frankreich von Ärzten wie Brochard, Gilibert, Gérard, Verdier-Heurtin etc. gepflegt wurde. Leutnant Prost schrieb 1778: »Wenn die Mütter wüßten . . ., dann würden sie sich nie entschließen, ihre Kinder zu einer Zeit zu verlassen, in der diese ihre Zuneigung so notwendig brauchen.«[4]

Freud entdeckte das Unbewußte und die Art, wie es entsteht, zu einer Zeit, als die Mutterrolle Hochkonjunktur hatte; wie die Ärzte die Gesundheit der Kinder von der Brusternährung der Mutter abhängig machten, so leitete er die Gesundheit der sexuellen Erregung des Kindes vom guten Zustand derjenigen seiner Mutter ab. Ganz gleich, wie es mit dem Vater bestellt war.

In seiner in den *Drei Essays zur Sexualtheorie* angedeuteten Theorie kommt der Vater nur als Rivale der Mutter vor – um die ersten Tage und Jahre des Kindes zu erklären, brauchte man den Vater nicht. Der Vater wurde nur für die Aussage verwendet, daß das Mädchen seltsamerweise ihr erstes Liebesobjekt, die Mutter, verlassen muß, um »den Weg zum Vater«[5] zu finden. Aber verläßt das Mädchen seine Mutter wirklich, und was veranlaßt es dazu? Freud erklärt dazu pauschal: Er kennt die Geschichte des Mädchens nicht, weil sie zu kompliziert, zu »präödipal«, zu geheimnisvoll, zu sehr verdrängt ist. Er erkennt nicht, daß dieses Kind keinen Elternteil vom anderen Geschlecht zur Verfügung hat, der ihm nahe genug steht, damit es sich unbewußt auf ihn fixieren kann. Er übersieht, daß das Mädchen *keinen Vater hat*, da es jahrelang seiner Mutter überlassen bleibt und folglich jahrelang *keine ödipale Beziehung eingeht*. So verharrt es im präödipalen Stadium.

Hier stellt sich erneut die ewige Frage der Psychoanalytiker von heute: »Was ist ein Vater?«

Welchen Platz räumt man heute, hundert Jahre nach der Entdeckung des Unbewußten, den Vätern bei der Erziehung des Kleinkindes ein? Für Freud selbst war der Vater nichts als einer der Repräsentanten der Geschichte des Urmythos. Der Vater, von dem Freud in *Totem und Tabu* redet, ist ein »wilder« Vater, »gewalttätig« und »eifersüchtig«, und seine Söhne müssen ihn, wenn sie leben wollen, hassen und töten. Wir sind inzwischen weitergekommen. Während die Väter des Mittelalters ein Schrecken für ihre Kinder waren, wurde ihnen Gott sei Dank durch den Einfluß des Humanismus und die Gesetze der republikanischen Ära das Recht entzogen, unter ihren minderjährigen und volljährigen Kindern zu wüten. So muß man bei Freud nach einer persönlichen

Ursache für diese uralte Angst vor den Vätern suchen, die nur mit seiner jüdischen Herkunft zu tun haben kann. In der jüdischen Tradition geht Gottesfurcht mit der Furcht vor dem Vater einher, und die Liebe und Achtung vor den Eltern erzeugen bei den Kindern Schuldbewußtsein und Ambivalenz.

Zweifellos bemüht sich Freud in *Totem und Tabu*, den Stellenwert Gottes im Herzen seiner Söhne zu suchen, weil er seinen eigenen Stellenwert bei seinem irdischen Vater sucht. Er spricht es deutlich aus:

»Allein die psychoanalytische Erforschung des einzelnen Menschen lehrt mit einer ganz besonderen Nachdrücklichkeit, daß für jeden der Gott nach dem Vater gebildet ist, daß sein persönliches Verhältnis zu Gott von seinem Verhältnis zum leiblichen Vater abhängt . . .«[6]

In folgender Passage kommen die geheimen Gefühle Freuds zu seinem Vater ans Tageslicht:

»Sie (die Söhne) haßten den Vater, der ihrem Machtbedürfnis und ihren sexuellen Ansprüchen so mächtig im Wege stand, aber sie liebten und bewunderten ihn auch. Nachdem sie ihn beseitigt, ihren Haß befriedigt und ihren Wunsch nach Identifizierung mit ihm durchgesetzt hatten, mußten sich die dabei überwältigten zärtlichen Regungen zur Geltung bringen . . . So schufen sie aus dem Schuldbewußtsein des Sohnes die beiden fundamentalen Tabus des Totemismus, die eben darum mit den beiden verdrängten Wünschen des Ödipuskomplexes übereinstimmen mußten. «[7]

»So möchte ich denn zum Schlusse dieser mit äußerster Verkürzung geführten Untersuchung das Ergebnis aussprechen, daß im Ödipuskomplex die Anfänge von

Religion, Sittlichkeit, Gesellschaft und Kunst zusammentreffen, in voller Übereinstimmung mit der Feststellung der Psychoanalyse.«[8]

Diese Verallgemeinerung ist hochinteressant und macht das Ödipusproblem zur Grundlage der gesamten menschlichen Kultur. Freud, der über seine Vaterbeziehung nicht reden konnte oder wollte, bewegt sich um einen mythischen Vater. Aber die Wege der Mythen führen eher zum symbolischen und ewigen Vater, von dem Gott ein vollkommenes Bild abgibt, als zum wirklichen Vater des alltäglichen Lebens, der in der Freudschen Theorie einfach fehlt.

Die Vaterschaft veränderte ihr Gesicht auch nicht bei den Analytikern, die auf Freud folgten; diese setzten unbewußt den Unterschied der Natur von Mann und Frau als weiterhin gültig voraus.

Wenn Winnicott vom »Kind und seiner Familie« spricht, redet er in Wahrheit nur über die Mutter-Kind-Beziehung und weigert sich als Mann, auch nur das geringste für den kleinen Menschen aus Fleisch und Blut, der zu ihm gehört, zu empfinden. »Das kann nur eine Frau erfahren.« – »Ich bin ein Mann, und als solcher kann ich niemals wirklich wissen, was es bedeutet, dort in der Wiege ein Stückchen von meinem eigenen Selbst, ein Stückchen von mir liegen zu sehen, das ein unabhängiges Leben besitzt und allmählich zur Person wird.«[9]

Hier sagt jemand deutlich, daß der Vater sein Kind als einen kleinen Teil von sich sieht, den er der Frau überläßt. Vielleicht glauben die Männer, daß sie diese kleinen Menschen nicht lieben müssen, vielleicht erinnern sie sich nicht, wie gern sie »auch« von ihrem Vater geliebt worden wären, um nicht immer von ihrer Mutter und deren Willkür abhängig zu sein ... Wenn der Vater das Kind *liebt*, dann deshalb, weil er zur Mutter *wird:*

»Die Väter haben ebenfalls etwas mit der Sache zu tun, nicht nur, weil sie selbst für begrenzte Zeiten gute Mütter sein können, sondern weil sie Mutter und Kind vor allem schützen müssen, was das Band zwischen beiden bedrohen könnte ...«[10]

Winnicott ist wirklich zu allem bereit, solange sich der Säugling nicht auf ihn fixiert, sondern weiterhin an seiner Mutter hängt. Hält er sich für unfähig, sein Kind als Vater dauerhaft zu lieben, oder weigert er sich? Man weiß es nicht, aber es wird deutlich, daß er sich in seiner Bedeutung zurücknimmt, um leichter Abstand von der Zweiheit Mutter/Kind zu gewinnen, der er als Mann auf keinen Fall angehören will. »Sie (die Mütter) begründen die Gesundheit eines Menschen, der eines Tages ein Mitglied der menschlichen Gesellschaft sein wird. Das ist eine lohnende Sache.«[11] Sicher, mein Herr, aber warum widmen Sie sich dann nicht auch der Heranbildung des Unbewußten Ihres Kindes?

Nur noch zwei letzte Zitate aus diesem unglaublichen Buch (erschienen 1957): »Der Vater ist *unfähig,* bei der ihm übertragenen Aufgabe *Vergnügen zu empfinden,* und außerdem unfähig, mit der Mutter die *große Verantwortung* zu teilen, die ein Säugling immer bedeutet.«[12] Man ist bestürzt und bedrückt, wenn man diesen Psychoanalytiker liest, der sich einbildet, er unterstütze die Mütter, indem er feststellt, daß sie das zu zweit gezeugte Kind *allein* aufzuziehen haben. Befreit von aller Verantwortung, entwickelt er folgende Vorstellung vom Wohlergehen des Kindes:

»Sollen menschliche Säuglinge sich schließlich zu gesunden, unabhängigen und sozial gesinnten Erwachsenen entwickeln, so ist das ausschließlich davon abhängig, ob ihnen ein guter Start ermöglicht wird, und diesen sichert die Natur durch die Existenz eines Bandes zwischen Mutter und Kind, das man Liebe nennt.«[13]

Leider ist alles, was er geraten hat, eingetroffen: Die Frauen erziehen oft allein die Kinder, die ihre Ehemänner nicht lieben konnten, vor allem, weil sie nicht für sie verantwortlich sein wollten.

Man könnte aus der Tatsache, daß dieser Psychoanalytiker ein Mann ist, folgern, daß er Angst hat, mit einer Frau gleichgesetzt zu werden. Er ist gerne bereit, Vater zu sein, vorausgesetzt, man überträgt ihm nicht die Verantwortung für das Kind; er ist gerne bereit, Vater zu sein, wenn dies sein Arbeitsleben und seine gesellschaftliche Stellung nicht beeinträchtigt; er ist gerne bereit, Vater zu sein, wenn seine Frau ihm versichert, daß sie sich um das Kind kümmert, und ihn davor bewahrt, daß das Kind sich an ihn klammert.

Was aber sagt eine Psychoanalytikerin, die nicht die gleichen Ängste hat? Eine Frau, auf die man hört und die von allen geachtet wird, wie Françoise Dolto? Man ist überrascht: Ihre Gedanken sind ungefähr die gleichen. Bei einer Reihe von Radiosendungen im Sender France-Inter, bei der sie auf Fragen problembeladener Mütter antwortete, fragte sie oft: »Und der Vater?« oder: »Was macht sein Vater?«, und sie bedauerte immer wieder, daß man den Vater nicht *erwähnte*. Daß eine Mutter, die allein die Verantwortung für ihr Kind trägt und während der Sendung allein zu Hause ist, nicht von dem Mann spricht, der nicht zu der Zweiheit gehört und nicht dazugehören will, erscheint durchaus logisch.

Um ja nicht von der machohaften Meinung Jacques Lacans abzuweichen, spricht Françoise Dolto nur von einem symbolischen Vater, der zunächst nur in den Worten seiner Frau existiert, danach in der sprachlichen Kommunikation mit seinem Kind, wenn es sprechen gelernt hat. Françoise Dolto hat häufig gesagt und geschrieben, daß man vom Vater »sprechen« müsse, ob er nun da sei oder nicht, ob er lebe oder tot sei. Dies läuft leider meist auf dasselbe hinaus!

Eines Tages hat Françoise Dolto einem Vater, der nicht wußte, wie er die Liebe seiner Kinder gewinnen sollte, geantwortet: »Väter müssen in erster Linie wissen, daß sie nicht durch *Körperkontakt,* sondern durch *Sprechen* die Liebe und Achtung ihrer Kinder erlangen können.«[14]

Es ist immer dieselbe Geschichte: Die Mutter kümmert sich um den Körper des Kindes, sie bringt ihm Sinnlichkeit bei, Zärtlichkeit, Liebe; und der Vater kümmert sich um das Wissen, die Kultur – als ob die Mutter nichts verstünde, weder von Kultur noch von Gesellschaft . . . Die Diskriminierung zwischen den Ammen und den Erziehern des Mittelalters besteht noch 1977, mit dem einzigen Unterschied, daß man auf Rousseau gehört hat: Die Amme ist nun die Mutter des Kindes und sein Erzieher der Vater! Welche Radikalisierung, was für ein Sexismus von Körper und Geist!

Man muß fürchten, daß es dem Vater nie gelungen ist,

von seinen Kindern geliebt zu werden, weil er vermutlich vergessen hatte, sie als Neugeborene zärtlich mit seinem Körper zu berühren; weil seine Frau es ihm verboten hat oder weil er glaubte, dies sei nicht Aufgabe des Mannes.

Kein vernunftbegabter Mensch, Psychoanalytiker oder nicht, kann leugnen, daß sich ein Baby an die Person bindet, die es körperlich betreut, und daß alle seine Sinne die Person erkennen, an die es gewöhnt ist, lange bevor es zum Austausch von Sprache kommt. Wie soll man sonst das Übertragungsobjekt erklären? Der Schnuller (dieser und kein anderer), der alte Bär (den man nicht waschen darf, weil er einen bestimmten Geruch hat, den das Kind unter tausend anderen erkennt), das alte Tuch, das überall herumgelegen hat (aber das einzig fieberhaft gesuchte). Wie kann ein Vater ohne Körperkontakt die Liebe seines Kindes erlangen, wenn dies das einzige Mittel ist, sich dem ganz kleinen Kind zu nähern, das in den ersten Monaten nichts kennt als den Geruch des Körpers des anderen, die Art, wie der andere es auf den Arm nimmt, das Geräusch seiner Schritte und die Melodie seiner Sprache, ob er zufrieden oder zornig ist?

Das Kind versteht die Worte nicht, es kennt, bevor es ein Jahr alt ist, nur Bilder, aber weder das Symbol noch das Wort. Muß ein Vater bis dahin für sein Kind ein Fremder bleiben, weil er angeblich nur durch Worte mit dem Kind in Verbindung treten kann?

Es ist erstaunlich, was ein halbes Jahrhundert nach Lacans Veröffentlichungen von Lacan-Schülern geschrieben worden ist: »Da die Dimension des symbolischen Vaters die Kontingenz des wirklichen Mannes überschreitet, ist es *nicht notwendig, daß ein Mann dasein muß, damit es einen Vater gibt*. Die symbolische Rolle des Vaters ist vor allem durch die eingebildete Zuordnung des phallischen Objekts impliziert.«[15] Joël Dor läßt schließlich die Notwendigkeit des wirklichen Vaters hinter der des symbolischen gänzlich verschwinden, da das Symbol die Person oder Sache in seiner Abwesenheit »repräsentiert«. Wir können begreifen, daß es den Vater für die Lacan-Schüler zu Beginn des Lebens eines Kindes nicht gibt:

»Der ›wirkliche Vater‹, der bei der Mutter-Kind-Beziehung von vornherein ein Fremder ist, kann nicht lange in dieser Außenseiterposition verharren. Als wirklicher Vater wird seine Gegenwart für das Kind immer störender, vor allem, wenn sie hinsichtlich des Verlangens nach der Mutter eine gewisse Festigkeit annimmt.«[16] Lacan verwendet den Begriff »wirklich«, schließt aber den Vater dabei sogleich aus:

»Der Vater ist kein *wirkliches Objekt,* was aber ist er dann? Er ist eine Metapher ... Die Funktion des Vaters beim Ödipuskomplex besteht darin, ein Bedeutungsträger zu sein, der einen anderen ersetzt.«[17]

Anika Lemaire erklärt einfacher, der Vater sei derjenige, der an die Stelle des Kindes tritt, um es daran zu hindern, »sich mit dem der Mutter fehlenden Phallus zu identifizieren«. Wir sind nicht weit entfernt von der Freudschen Formel: Penis = Kind. Freud spricht dem Vater keine andere Funktion zu als die des Rivalen bei der Mutter. Lacan und seine Schüler haben verschiedene Funktionen entdeckt, die alle außerhalb der zärtlichen

Urbeziehung von Mutter und Kind liegen und immer mit einem Vater zu tun haben, der enttäuscht, etwas wegnimmt und das Gesetz verkörpert.

»Der Vater hindert es daran, sie ganz für sich zu haben, es entdeckt, daß er ein Anrecht auf die Mutter hat, und so erscheint er dem Kind gegenüber als der, der *verbietet*. Die Entbehrung und das Verbot zusammen können beim Kind nur die Vorstellung von einem Vater hervorrufen, der es frustriert, da dieser es zwingt, auf das reale Objekt zu verzichten, die Mutter, die es braucht.

Allgemeiner gesprochen, wird der Vater als rivalisierendes Objekt gegenüber dem Verlangen nach der Mutter empfunden, während er bezüglich der engen Zweierbeziehung Mutter/Kind als *anderer* erscheint.«[18]

Dies ist die allseits verbreitete Antwort der Lacan-Schule auf die Frage »Wer ist der Vater?«: Er ist ein wenig sympathischer Eindringling. Welcher Vater hätte Lust, sich auf einen solchen Prozeß einzulassen? Zumal er in die Zweierbeziehung von Mutter und Kind nur eindringen kann, wenn die Mutter ihm den Platz des Vaters zuweist und ihn »nennt«.

»Der Vater ist nur durch ein Gesetz anwesend, welches das Wort ist, und dies wird nur in dem Maße Gesetz, in dem *sein Wort von der Mutter anerkannt wird*. Wenn die Position des Vaters in Frage gestellt wird, bleibt das Kind seiner Mutter unterworfen.«[19]

Hier taucht das auf, was man den »Namen des Vaters« nennt. Die Mutter hält die Metapher in den Händen, und es gibt keinen Vater, wenn sie es nicht will. Wenn sie aber im Sinn Lacans den Vater »nennt«, verliert sie ihre

Macht auf der Stelle, denn um den Vater einzuführen, muß sie sich in Abhängigkeit von ihm und seinem Status als Mann zeigen, da er der einzige ist, der über einen Penis verfügt. So wird sie ihm gegenüber abgewertet, da es erste Pflicht des Vaters ist, ihr und dem Kind das Gesetz aufzuerlegen, das nichts anderes ist als das Inzestverbot. Er sagt der Mutter: »Du wirst dein Produkt nicht wieder integrieren« und zum Kind: »Du wirst nicht der Phallus deiner Mutter werden« – anders gesagt: Es ist Aufgabe des Vaters, die beiden, die sich zu gut verstanden, zu trennen.

Zunächst folgte Lacan bei seiner Theorie Freud – er übernahm den Gedanken der Entfernung des Vaters vom Neugeborenen; er strich ihn radikal aus der Wirklichkeit des Kindes und stellte fest, daß er in fast allen Familien nicht da war. Später entschloß er sich dann, ihn zu rehabilitieren und in die Kulissen zurückkehren zu lassen, um eine andere Rolle zu übernehmen, die vom *pater familias* abgeleitet ist.

Er soll für die Einhaltung des Gesetzes sorgen, das er selbst in vielen Fällen nicht respektiert: Inzest gibt es zwischen Vater und Tochter oder Schwiegervater und Schwiegertochter. Es ist, als hätte der Vater mit dem Kind, als es klein war, nicht genügend Körperlichkeit und Sinnlichkeit erlebt, während die Mutter, weil sie sich dem Kind nahe gefühlt hat, kein Bedürfnis verspürt, Körper zusammenzubringen, die einander bereits nahe waren. Sie hat ihr Vergnügen bereits als Schwangere gehabt, als sie den anderen Körper in sich trug. Der Vater ist nicht geeignet, Sorge zu tragen, daß eine Dreierbeziehung, die er oft selbst nicht genug achtet, respektiert wird.

Diese brillante Theorie gilt nur für kurze Zeit, nämlich solange sich das Paar gut versteht. Im entgegengesetzten Fall vollzieht sich, während die Unstimmigkeiten des Paares beginnen, eine innere Spaltung des Kindes, das nicht mehr auf die Existenz eines Vaters als »Namen« desjenigen zurückgreifen kann, der seine Mutter befriedigt.

Der »Name des Vaters« ist das schwächste Glied in der Lacanschen Kette. Bei Scheidungen folgen die Kinder ihrer Mutter, wie sie es von Geburt an getan haben. Das Recht des Vaters war von der Anerkennung durch die Mutter abgeleitet, und wenn die Mutter den Ehemann nicht mehr anerkennt, verliert das Kind seinen Vater, weil es keine Urbeziehung gibt, durch die es mit dem Vater, der es gezeugt hat, verwurzelt wäre.

Der Vater ist nur noch ein Übertragungsobjekt, der Mann ist Gefangener der Frau, und wenn er nicht mehr den Phallus für sie repräsentiert, stellt er angeblich auch für die Kinder nichts mehr dar. Ein seltsamer Hinterhalt, 1958[20] von Lacan beschrieben: Der »Name des Vaters«, der den Vätern angeblich eine edle Aufgabe, die des Wortes, übertrug, hat den Vätern in Wahrheit nichts gegeben, weil sie mit den Neugeborenen keine prägenitale und körperliche Verbindung aufgenommen haben. Eine strenge Lektion für all jene, die plötzlich erkennen, daß man Liebe durch körperliche Nähe und Intimität erfährt und nicht nur durch das Wort.

Leider sind die Psychoanalytiker in den letzten dreißig Jahren alle wie ein Mann (selbst die Frauen) hinter dem richtungweisenden Vater jener neuen Wissenschaft Psychoanalyse hergelaufen. 1980 schrieb Bernard This, ein treuer Schüler Jacques Lacans: »Die *Vaterschaft* ist wesentlich *an das Sprechen* gebunden. Das Wort ist für uns konstitutiv und macht uns zu ›Vater‹, ›Sohn‹ oder ›Tochter‹... *Durch die Mutter* wird der symbolische Vater dem Kind geschenkt.«[21] Schon wieder der symbolische Vater, der durch die Worte der Mutter vermittelt wird. Merken die Männer nicht, daß die Frauen sie, wenn sie sie in den Himmel heben, mühelos auf dem Speicher abstellen können?

Zur selben Zeit schrieb Joël Clerget folgendes: »Die organisatorische Wende der Vaterfunktion besteht darin, daß kein Vater die Vaterschaft vollends ausschöpft, *kein Vater der Vater ist.*«[22]

Natürlich kann kein Vater die Vaterschaft voll ausschöpfen, ebensowenig wie eine Mutter die Mutterschaft. Glücklicherweise bleibt immer etwas übrig, was man sich von seinen Eltern wünschen, von ihnen erwarten könnte: Deswegen wollen ja die Kinder weiterkommen als wir; sie wünschen sich das, was wir versäumt haben, und haben so die ersten Glieder einer Wunschkette in der Hand, die sich Geschlechterfolge nennt.

1985 schrieb der Kinderarzt Aldo Naouri ein Buch mit dem Titel *Une place pour le père* (Ein Platz für den Vater) – aber auch hier war der Platz derselbe wie immer: der, den die Mutter dem, der nicht zur Urzweiheit gehört, zuerkennt oder nicht. Die beiden ersten Zeilen seines Buches lauten folgendermaßen: »Jede Mutter führt ihr Kind in die Welt der Symbole ein, indem sie es auf seinen Vater hinweist.«[23] Dann lädt er uns zu einer schmerzensreichen Reise durch die Familien ein, in denen das Symptom-Kind auf einen durch die Worte der Mutter auf nichts reduzierten Vater verweist. Leicht stellt man fest, daß die Macht einer Mutter absolut ist und so weit reichen kann, daß sie den Erzeuger für nichts hält und dieser zwar als Vater bezeichnet wird, aber nicht dessen Rolle erhält. Selbst wenn er »Vater« genannt wird, nimmt der Vater beim Kind keinen anderen Platz ein als den, welchen die Mutter ihm innerlich gewährt. »Er wird auf einen Kern des Zweifels reduziert, den kein biologisches Zeichen zerstreuen kann, der Zweifel wird langsam größer. Seine Position ist schwach, immer läuft er Gefahr, alles zu verlieren, wenn er seine Rolle mit der der Mutter verwechselt.«[24]

Während die Lacan-Schüler dem Vater die Verantwortung für ein Gesetz übertragen, das die Mutter angeblich nicht kennt – sie steht ja im Verdacht, inzestuös zu sein, und ist auf die trennenden Worte des Vaters angewiesen, um ihr Kind loszulassen –, sieht Aldo Naouri das schlimmste Unglück für solche Väter voraus, die ihre Rolle mit der der Mutter, das heißt ihr Geschlecht mit dem der Frau verwechseln ... Nach Ansicht mancher Forscher wird ein Geschlechtsunterschied zwischen den Eltern für das Kind erst sichtbar, wenn die Rollendiskriminierung in seiner Nähe unübersehbar ist.

Die erste Diskriminierung, die aus der Frau des Alten Testaments eine Sünderin machte – im Mittelalter eine Hexe –, macht sie heute zur »Ödipalen«, deren Verhalten gegenüber dem Kind kontrolliert werden muß und die ohne einen Vater, der ein imaginäres und ideales Gesetz verkörpert, nicht umhin kann, dem Irrtum der Natur, dem Inzest, zu verfallen. Dies setzt voraus, daß man die Frauen aus einer bestimmten Perspektive sieht: der des frauenfeindlichen Mannes.

Während eines 1988 stattfindenden Kolloquiums mit dem Titel »Père et paternité« (Vater und Vaterschaft) hatte man Gelegenheit, mehrere Ärzte und Forscher zu erleben, die gegen die durch die Mutter garantierte Geschlechterfolge den Standpunkt des imaginären, idealen Vaters vertraten, der durch die wirkliche, nährende, mütterliche Mutter eingeführt wird.

Jean Guyotat sagte: »Die Vaterfunktion erscheint weniger natürlich als die der Mutter, die mit ihrem Kind durch eine Körper-Körper-Beziehung verbunden ist, und diese ist wesentlich einleuchtender, als es die Beziehung zwischen dem Vater und dem Kind sein könnte.« Etwas später hieß es: »Die ernährende Funktion des Vaters ist weniger nah als die der Mutter und teilt nach und nach die Rollen zwischen Vater und Mutter auf, mit [das vergißt er auf keinen Fall] *dem wahrgenommenen Unterschied der Geschlechter*. Da der Vater per definitionem männlichen Geschlechts ist, kann sich das entstehende Beziehungssystem nur auf den Unterschied der Geschlechter stützen. Es ist allerdings festzustellen, daß der Angriff auf die Vaterrolle von dem wirklichen Vater als Infragestellung seiner sexuellen *Identität* erlebt werden kann.«[25] Dies ist der Stein des Anstoßes: Der erwachsene Mann steht immer noch unter dem Schrecken, seine gesamte Urzeit mit einer Frau verbracht zu haben, und hat sich noch nicht von der Angst erholt, selbst eine Frau zu werden. Davor hütet er sich auch, wenn er es vermeidet, sich um das Baby zu kümmern – der Vater darf auf keinen Fall die Identität einer Frau annehmen.

Professor Ferrari ergriff auf demselben Kolloquium das Wort und äußerte sich zur Bedeutung der Vaterfunktion: »Die Mutterfunktion basiert auf genauen biologischen Grundlagen, die Mutter und Kind auf für ihre Beziehung typische Weise in körperliche Nähe zueinander bringen; der Vater geht mit dem Kind eine Beziehung ein, die distanzierter ist und eher symbolisch als impulsiv. So scheint es passender, von *Vaterfunktion* zu reden als vom Vater, und man könnte ein wenig provokant [höchst provokant, wie mir scheint] hinzufügen, daß es für ein Kind nicht von Bedeutung ist, einen Vater zu haben, und die biologische oder *psychologische Realität* des Vaters weniger wichtig ist als das *Bild vom Vater,* das sich das Kind im Lauf seiner Entwicklung macht.

Er ist vor allem derjenige, der das Zweiersystem durchbricht und verhindert, daß diese Quelle impulsiver Befriedigung für Mutter und Kind bald ihre Wirkung verliert und die Beteiligten in eine Art Spiegelbeziehung bringt. Das Fortdauern eines solchen Systems würde die Mutter dahin treiben, in ihre Beziehung zum Kind manche ihrer eigenen phantasmatischen Schwierigkeiten einzubringen, wie es in der psychosomatischen Klinik für Säuglinge anschaulich gemacht wurde.«[26]

Als wäre die Einführung eines Vaters die eines symbolischen Schiedsrichters, der alle Probleme zwischen dem Unbewußten der Mutter und dem des Kindes löst! O nein, der Vater ist kein großer Zauberer und auch nicht der Retter des Kindes, der es den Klauen der Mutter entreißt – der Vater ist derjenige, der seiner Tochter das Ödipusgeschehen ermöglicht und dem Sohn die Identifizierung, so wie die Mutter beim Sohn das Ödipusgeschehen auslöst und der Tochter bei der Identitätsfindung hilft.

Der Vater, von dem jene Ärzte reden, ist der Vater eines patriarchalischen Systems, in welchem ihm die Autorität zufällt, und, wie Gérard Mandel schreibt: »Die Vaterschaft [und mit ihr das Patriarchat und die Bevormundung durch den Vater] sind keine angeborenen, sondern *von* der Gesellschaft geschaffene Phänomene. Die Frage ist, *wie* sie zur gesellschaftlichen Realität wurden. Anders gesagt, woher kommt der erste Vater?

Das Problem des Vaters überschreitet in einzigartiger Weise den Rahmen des familiären Trios. Der Vater ist nicht nur der biologische Vater, nicht nur der Familienvater, sondern auch der Vater aller großen monotheistischen Religionen, die einen Vatergott haben: Judentum, Christentum und Islam. So gehörte in der Gesellschaft die Macht immer den Männern und nie den Frauen, dies muß sich in irgendeiner Weise auf das Vaterproblem auswirken.«[27]

Dieser Autor zeigt, wie sehr es im patriarchalischen System auch in seinen unbewußten Spiegelungen immer um ein Kräftemessen zwischen Mann und Frau ging und daß der erigierte Phallus als Symbol männlicher Macht ein Gegenschlag gegen die archaische Allmacht der Urmutter früherer Zeiten war. Dieses System wurde von der Religion immer unterstützt; aber wer besitzt seit dem Zusammenbruch der Religion und dem Anerkennungsverlust des himmlischen Vaters heute den patriarchalischen Phallus? Gérard Mendel weist darauf hin, wie sehr heute das archaische Universum der Mutter unsere nicht durch die Religion, sondern durch den Staat gestützte Gesellschaft beherrscht. Dieser »wird unbewußt nicht mehr als männliche Vatergestalt erlebt, sondern als archaisches Mutterbild. Das Bild von der Mutter der frühen Kindheit setzt sich im Staat fort, und die Bürger-Säuglinge erwarten alles von ihr. Damit sind wir beim Versorgungsstaat angelangt.«[28]

Mendel schrieb dies 1979 und kam damit der berühmten Soziologin Evelyne Sullerot zuvor, die 1988 vom »Pater familias« sprach, dem die Mutter und der Staat »Konkurrenz machen«. »Als die Familie noch eine kleine Versorgungsgemeinschaft war, für die er zu sorgen hatte . . ., genoß der Vater eine Autorität, die allein durch den Einfluß des unpersönlichen, schützenden Staates zusammenbricht: Schulen, die nichts kosten, Erstattung der Arztkosten, verschiedene Arten günstigen Wohnens . . .«[29]

Könnte der Vater eine andere Rolle übernehmen? Vielleicht eine affektive Rolle, welche der der Mutter ähnlich ist? Bloß nicht! ruft Gérard Mendel aus, der großen Wert darauf legt, daß die archaische Zeit mit der Mutter vollzogen wird und die Akkulturation mit dem Vater.

»Fassen wir zusammen: Die Rolle, welche die Mutter und der Vater beim Kind einnehmen, die sozialen Bilder von Frau und Mann, ihre kulturellen Unterschiede sind nicht durch ihr Geschlecht natürlich vorgegeben, sondern entstehen aus einer von den Männern organisierten Einteilung (selbst wenn es ihnen nicht bewußt ist) in zwei Stufen der Kindheitsentwicklung, die nur bei unserer Art vorkommen.

Eine einheitliche Rolle der Eltern würde es dem Kind

unmöglich machen, sich dauerhaft in der zweiten Phase einzurichten . . . Psychoanalytisch gesprochen: Für den Knaben gäbe es keinen Ödipuskonflikt in seiner traditionellen Form und auch keine Überwindung desselben durch eine gelungene Identifizierung mit dem Vater. Vater, Mutter, erste und zweite Phase – alles würde vermischt und durcheinandergebracht.«[30]

Gérard Mendel erkennt zwar an, daß eine Rollenzuteilung je nach Kindheitsphase fragwürdig ist: »grob gesprochen das Irrationale den Frauen, das Vernunftgemäße den Männern«, zugleich aber befürchtet er, daß die Knaben (immer sie!) Identifikationsprobleme haben, wenn das patriarchalische System verändert wird. Trotz seiner Äußerungen ist er nicht weit davon entfernt, sich dem »quasi mystischen« Thema des Phallus bei Lacan anzunähern, das er als »letzten Versuch« bezeichnet, »die Geschichte zu festigen und das aufrechtzuerhalten, was noch heute vom *Namen des Vaters* oder vom *Gesetz des Vaters* übrig ist«[31]. Lacan hatte, bevor er dem Vater einen »Namen« erfand, festgestellt, daß der Vater nicht vorhanden war. Der Name scheint als bedeutungsloses Zeichen zu fungieren. Es gibt keinen Vater mehr, und so bleibt nur noch der Name.

Kann man glauben, daß die Geschichte stehenbleibt oder sich rückwärts bewegt, wie Gérard Mendel sagt? Nein, die Geschichte des Krieges von Mann und Frau um die Macht hat sich vorwärts bewegt, und die Frauen, die beschlossen haben, daß ihr Körper nicht mehr über ihr Schicksal entscheiden soll, führen nun ein Leben, in dem sie nicht mehr ihren Namen aufgeben und den ihres Mannes annehmen. Sie haben andere Existenzweisen entdeckt als diejenige, »Frau von« zu sein, und sie brauchen weder den »Namen« des Mannes noch sein Gesetz, weder für sich noch für ihre Kinder. Um 1960 gingen 92 bis 93 Prozent der Frauen noch eine gesetzliche Ehe ein, 1985 waren es nur 54 Prozent.[32] Die Quote der Scheidungen ist im gleichen Zeitraum von 10 Prozent auf 30 Prozent gestiegen, die Anzahl unverheirateter Frauen mit Kindern steigt stetig. Patrick Festy hat ermittelt, daß 85 Prozent der geschiedenen Frauen mit ihren Kindern leben.

Dies ist das Ende des Patriarchats, dessen Ursache weit zurückliegt. Die Freiheit der Gefühle war eine Idee Rousseaus. Er hatte sich bereits vorgestellt, was mit uns heute geschieht: eine Familie auf Zeit – ihre Ursachen sind allerdings nicht genau die, welche er vorgesehen hatte (er sah die Familie als eine für das Kind notwendige Zelle an, die sich auflösen konnte, sobald das Kind sie nicht mehr brauchte). Tatsächlich ist die Familie zu einer Übergangseinrichtung, ja fast zu einer Nebensache geworden. Sie beruht nur auf den Gefühlen von Mann und Frau, vor allem denen der Frau, die je nach Veränderung ihrer Zuneigung die psychologische Macht besitzt (die sie bei der Bemutterung ihres Kindes erworben hat), ihre Kinder *dem Vater nahezubringen oder von ihm zu trennen,* je nachdem, ob sie ihn schätzt oder verachtet. Dabei hat sie das Gesetz auf ihrer Seite, das die Kinder nicht von der Mutter trennt.

Die Familie basiert nicht mehr auf dem Kind, sondern auf dem Paar. Paare aber sind einer großen Fluktuation unterworfen, weil sie auf eine ideale Ergänzung zweier Personen angelegt sind; diese aber wird ständig in Frage gestellt, wenn ein neuer möglicher Partner auftaucht. Wenn man der Fluktuation unserer Liebesbeziehungen keine soziologischen Grenzen setzt, werden bald alle Familien zu Durchgangsstationen, und alle Kinder wechseln mehrere Male ihre Eltern. Vor allem den Vater, denn in 75 Prozent aller Fälle reicht die Frau die Scheidung ein, und in 54 Prozent[33] verschwindet der richtige Vater. Die Frauen sind zu den Hauptverantwortlichen geworden, zuerst für die Kinder und jetzt auch noch für die Familie und ihre Stabilität. Damit stellt sich die Frage: Ist der Vater vielleicht nur noch der, den die Mutter liebt?

Man kann heute die Gefahren ermessen, die durch den Lacanschen Begriff vom »Namen des Vaters« entstanden sind, bei dem der Vater der Rede der liebenden Mutter unterworfen ist. Hinzu kommt eine Erziehungspraxis, bei der sich das Kind in den ersten Monaten ganz auf die einzige Frau fixieren muß, die es liebt und auf einzigartige Weise versteht, so daß es bereit ist, auf alles, was sie nicht mehr liebt, zu verzichten – und damit auch auf den Vater!

Man begreift Evelyne Sullerot, wenn sie schreibt: »Der Vater gehört zum zweitrangigen Elterngeschlecht, das dem Kind verzichtbar erscheint.

Selbst in Familien, in denen Eltern und Kinder zusammenleben, ist es heute nicht einfach, die Rolle des Vaters zu definieren. Er ist seines Status nicht mehr so sicher wie früher und scheint auf der Suche nach einem eigenen Revier . . . Er fragt sich, ob er nicht selbst das Recht zum Muttersein hat. Er zögert, und die Gesellschaft zögert, ihn zu definieren. «[34]

Die Männer haben aufgehört, sich zu verhalten wie ihre Väter, und lehnen die Macht des *pater familias* ab. Viele von ihnen aber möchten dennoch von ihrem Kind, das ja ein Teil ihrer selbst ist, geliebt werden. Sie wissen jedoch nicht, wie sie von ihm geliebt werden können, denn sie glauben, dazu müßten sie tun, was die Mütter tun, und sie weigern sich, Vatermütter zu sein.

Dieses Wort Vatermutter oder Vater, der die Mutterrolle übernimmt, stößt sie ab, als ob man sie zwänge, ihr Geschlecht zu wechseln. Sie wissen nicht, daß »Bevatern« eine Aufgabe ist, die ihnen durchaus zukommt, aber daß sie Zeit erfordert, Gegenwart und Sprache ... und daß »Bemuttern« der Mutter zukommt, die sich diese Zeit nimmt, die anwesend ist und mit dem Kind spricht. So trägt schließlich das Bemuttern den Sieg über das Bevatern davon. In der Zeit, die für die Bevaterung notwendig wäre, werden die Väter von den Müttern überholt, lassen sich von ihrem Männerberuf vereinnahmen und finden nicht den Mut, Gesetze zu fordern, die auf junge Väter zugeschnitten sind und die es für Mütter längst gibt. Bevaterung eines Kindes ist das *einzige Mittel,* sich lebenslang an die biologische Nachkommenschaft zu binden und die Vaterschaft nach dem Namen mit der Vaterschaft nach dem Herzen zu versöhnen, den biologischen Vater mit dem Vater, der liebt. Anstatt ständig auf die berühmte Formel von Marius zurückzukommen: »Vater ist der, der liebt«, könnte man sagen: »Vater ist der, der ein Kind zeugt und liebt«, aber man liebt nicht aus der Ferne, und die Väter haben ihre Stellung als geliebter Elternteil verloren, weil sie zuwenig anwesend sind.

Meine Tochter stellte mir einmal eine Frage, die alles zusammenfaßt, was Psychoanalytiker über die Stellung des Vaters sagen, im Kontrast zu der Stellung, die sie der Mutter überlassen haben:

»Sag mal, was ist dir lieber, daß man dich liebt und haßt (und so war es auch, denn ich hatte manchmal die Rolle der großzügigen Mutter und manchmal die der enttäuschenden Mutter, die das Gesetz erfordert) oder daß es einem egal ist wie bei Papa?« Ich war sprachlos vor Staunen, aber innerlich habe ich sofort geantwortet: Ja, ich habe es lieber, daß ihr mich liebt und haßt, weil ich euch dann nicht gleichgültig bin. Solange die Väter im Leben des Kindes keinen Platz als Elternteil einnehmen, indem sie es vom ersten Tag an »bevatern«, wie es die Mütter dank des Mutterschutzes tun und dank des Erziehungsurlaubs (nur sie nehmen ihn in Anspruch, obwohl er für beide Elternteile eingerichtet wurde), kann sie niemand als vollwertigen Elternteil ansehen, und im Fall einer Scheidung haben sie nur wenig von ihrem Kind. Dies müssen sich die Väter klarmachen, bevor sie von »Kindesraub« sprechen.

Ich gehöre zu jenen, die das Verschwinden der Väter für eine Katastrophe für die Kinder halten, wobei die Väter an ihrem Verschwinden großen Anteil haben, weil sie nicht genügend Verantwortung für das Leben des Kindes übernommen haben und meist den Müttern allein die Kinderpflege überlassen haben, weil sie glaubten, diese seien von jeher begabter für den Umgang mit Säuglingen. Weigerung, Feigheit, Egoismus, Im-Stich-Lassen? Wir kommen noch darauf zurück. Im Moment beschränken wir uns auf eine Feststellung: Der Vater hat drei Tage Zeit, sein Kind kennenzulernen, die Mutter drei Monate oder drei Jahre. Von Anfang an herrscht eine Ungleichheit, die später niemand mehr aufholen kann. Evelyne Sullerot stellt in ihrem neuesten Buch *Quels pères? Quels fils?* fest, daß die Väter, die sich an den Unterschied zwischen sich und den Müttern klammern, eine Rollensymmetrie zwischen Mann und Frau ablehnen: Dabei setzen sie das psychoanalytische Evangelium von Freud und Lacan in die Tat um.

»Im Namen ihres Andersseins bewegen sich die Väter nur schleppend vorwärts und reißen sich, milde ausgedrückt, nicht darum, die Hausarbeit zu teilen. Und wiederum im Namen ihres Andersseins reißen sie sich keineswegs darum, sich die Fürsorge für die Babys zu teilen . . .

Da sie auf ihrem Unterschied beharren, verhindern sie Gleichheit, oder genauer gesagt, die Symmetrie der Elternrollen, die zu Beginn der siebziger Jahre hoch im Kurs stand.

Die Väter haben sich die bis dahin den Frauen vorbehaltenen Elternrollen kaum angeeignet und sind in ihrem gewohnten Tritt geblieben. Als Männer, die anders sind, sind sie der Meinung, daß sie nicht werden sollten ›wie sie‹.«[35]

Die Frauen lernen ihr Kind über ihren Körper kennen, viele Männer weigern sich, ihnen auf diese Weise näherzukommen, und da es in den ersten Monaten gegenüber dem Kind keine andere gibt, bleiben sie außerhalb seiner Gestalt, außerhalb seiner Lebenswelt. Der Vater ist hinter der Mutter der erste Fremde, aber er kommt immer nach der Mutter.

Eine amerikanische Analytikerin erzählte mir 1991, wie man diese ausschließlich der Mutter geltende Bindung experimentell nachgewiesen hat: Ein dreimonatiges Baby wurde mit einem Taschentuch in die Wiege gelegt, das seinem Vater gehörte, und einem anderen, das von der Mutter stammte. Es bewegte sich immer wieder auf das Taschentuch der Mutter zu. Die Kollegin schloß daraus, daß man an dieser ausschließlichen Urbindung an die Mutter nichts ändern könne; mir aber war klar, daß jedes dreimonatige Kind dreimal soviel Zeit mit seiner Mutter und deren Geruch verbracht hat und daher ihr Taschentuch mehr Bedeutung hat ...

Es ist klar, daß die Frau durch ihre Gegenwart beim Neugeborenen während des Mutterschaftsurlaubs mit ihm eine Einheit bildet, mit ihr zu einem Körper wird. Man fragt sich, ob die Männer wissen, daß sie, um ihrem Kind körperlich nahe zu kommen, bestimmte Dinge in ihrem Leben opfern müssen, zum Beispiel berufliche Erfolge, die sie oft allzusehr mit dem Gelingen ihrer menschlichen Existenz gleichsetzen. Was nützt aber berufliches Fortkommen, wenn man keine Zeit mehr hat, mit seiner Frau von dem Kind zu träumen, das bald zur Welt kommt? Oder wenn man als vielbeschäftigter Geschäftsmann mit ansehen muß, daß sich der Sohn nur an seine Mutter bindet? Kann man sagen, daß die Diskussion über den Vater eine Sache von Fachleuten ist? Nein, die Massenpresse hält uns seit einigen Jahren über die Entwicklung des Mannes und der Frau in Gesellschaft und Familie auf dem laufenden:

In der Zeitschrift *Marie-Claire* schrieb im April 1992 Tessa Ivascu über geschiedene Väter: »In den letzten Jahren haben die Männer etwas Schreckliches entdeckt. Die Frauen handeln eigenverantwortlich und können gänzlich ohne sie auskommen. Sie haben Angst und können nur mit Mühe der erstaunlichen Entwicklung der Frau folgen ... Die Mütter arbeiten, und der Staat kann sehr leicht die Rolle des Vaters übernehmen, indem er sie materiell unterstützt und so mit ihnen die Erziehung der Kinder sicherstellt. Alle diese Veränderungen wenden sich mit derselben Botschaft an den Vater: Die Familie kann auch ohne dich funktionieren, es hängt vom guten Willen der Mutter ab, ob du bleibst oder weggehst.«

Man kann nicht behaupten, das Problem werde verschleiert, und es ist klar, daß der Vater, wenn er sich nicht bei der Mutter unentbehrlich macht, als Ehemann und Vater verstoßen wird. Was ein Vater ist, hängt davon ab, wie er sich als Ehemann verhält, Biologie und Abstammung spielen dabei keine Rolle; es zählt, daß er von seiner Frau als würdiger und vertrauenswürdiger Gefährte »anerkannt« wird. Für den Vater gilt folgender Satz: Keine Frau mehr – kein Kind mehr. »Der Vater verschwindet aus der Familie, stellen Soziologen, Demographen, Kinderärzte und Juristen beunruhigt fest; der ›Zusammenbruch‹, ja die ›Enthauptung‹ der Väter wird vollzogen, und dafür gerät die Familie mit einem Elternteil immer mehr in den Vordergrund. Ihr Oberhaupt ist eine Vatermutter, die glaubt, ganz ohne Vater auskommen zu können«, heißt es in demselben Artikel.

Die Natur hat der Mutter das Privileg einer neunmonatigen Symbiose geschenkt; Patriarchat, Medizin, Staat und selbst die Religion verschaffen ihr noch mehr Vorteile, und mit bestem Wissen und Gewissen achten die

Frauen darauf, daß der Vater nie einen so wichtigen Platz erhält wie sie, zugleich aber verlangen sie von den Männern, sich zu »ändern« und an der Kindererziehung zu »partizipieren«.

Aus der vorrangigen Bedeutung der Mutter ist ein mütterlicher Egoismus geworden. Dazu tragen auch legale Mittel bei, die alle im Dienst der Frau stehen: Bei Scheidungen werden der Mutter fast immer die Kinder zugesprochen, Wohngeld gibt es nur für die Wohnung, in der die Mutter lebt. So ist es einfach für sie, die Vaterliebe als pariarchalisch und veraltet abzuqualifizieren.

Kapitel 3

Die Bindung

Wir haben den Mann in recht mißlicher Lage zurückgelassen, da sein Wunsch, Vater zu sein, und sein Status als Vater ganz von der Entscheidung der Frau abhängen, die die Mittel besitzt, ihn auf ein Minimum zu reduzieren. Er kann einfach ein Mann »ohne Kinder« werden, falls die Frau nicht freundschaftliche Beziehungen zu ihm pflegt, damit er ihr zu Diensten sein kann; er kann »disqualifiziert« und ins Junggesellendasein zurückversetzt werden, weil die Frau ihn gegenüber dem Kind nicht als Vater anerkennt. Das Kind, das allein auf die Mutter fixiert ist, kann nichts dagegen sagen, und es dauert Jahre, bis dieses Kind, vaterlose Halbwaise, auf der Couch eines Analytikers landet und zwischen zwei Schluchzern erklärt: »Meine Mutter hat mich am Leben gehindert, sie hat mir den Vater weggenommen . . .«

Wie viele Oreste und Elektras waren, wenn es um ihren Vater ging, ständig auf die Vermittlung ihrer Mutter angewiesen, mit oft katastrophalen Ergebnissen für den Vater? Kann es ohne Vermittlung der Mutter einen Vater geben? Kann der Vater an der Urobjektbeziehung mit dem Kind teilhaben und mit ihm gleichwertige Verbindungen eingehen, die dennoch anders sind als die der Mutter? Man muß die Freudsche Theorie in Frage stellen, nach der das Kind sich der Mutter wegen der nährenden Brust zuwendet, angeregt durch seinen ersten oralen Impuls, der es dazu bringt, sich zu ernähren und zu füllen, um die Angst vor innerer Leere abzuwehren, die es während des Aufenthalts im Uterus der Mutter nicht kannte. Das Saugen ist der erste dem Baby angeborene Reflex, und durch die Befriedigung des oralen Bedürfnisses identifiziert das Kind die Mutter schnell als »einziges Objekt« der Befriedigung, von dem alle späteren Befriedigungen abhängen . . .

Winnicott schreibt: »Wenn Mutter und Kind sich beim Stillen aneinander gewöhnen, ist dies der Beginn einer menschlichen Beziehung. Die Fähigkeit des Kindes, mit den Dingen oder der Welt in Beziehung zu treten, richtet sich nach diesem Modell. . . . Hier beginnt nicht nur die Ernährung, sondern die Objektbeziehung . . . Die Gesamtheit der Beziehungen des neuen Menschen hängt von diesem Beginn und dem persönlichen Modell ab, das sich aufgrund der Beziehungen von Mutter und Baby bildet, also *zwischen zwei Menschen*.«[1]

Dies glaubten die Psychoanalytiker noch vor dreißig Jahren: Die Mutter war die einzige und erste Verbindung des Neugeborenen zur Welt, denn von ihr ging die Befriedigung des oralen Bedürfnisses aus, erstes aller Bedürfnisse und Ursprung des Mechanismus von Frage und Antwort, den Grundelementen menschlicher Kommunikation. Seitdem haben Verhaltensforscher, Biologen, Psychologen und Analytiker bei vergleichenden

Forschungen zwischen jungen Tieren und menschlichen Neugeborenen herausgefunden, daß das Kind, ähnlich wie manche Tiere, nicht allein durch das Saugen Beziehungen mit dem anderen aufnimmt, sondern durch eine ganze Reihe von Kommunikationshandlungen und durch Austausch, der *über alle Sinne* geht. René Zazzo schrieb 1988, man habe in den letzten dreißig Jahren entdeckt, daß ein Neugeborenes nicht nur Milch brauche, sondern *Kontakt und Austausch mit einem anderen,* und daß es zu feinen Wahrnehmungen und Verhaltensweisen in der Lage und äußerst anpassungsfähig sei. »Überall in der Welt sind Psychologen aufs sorgfältigste der Frage nachgegangen, wie das kleine Kind Verbindungen mit seiner menschlichen Umgebung knüpft, mit Vater, Mutter etc. – das berühmte Problem der Bindung, die Suche nach Mechanismen, die es möglich machen, Beziehungen zu schaffen. Man hat herausgefunden, daß der erste dieser Mechanismen das Lächeln ist, das es nur beim Menschen gibt. Vorstufen zum Lächeln tauchen bereits ein paar Stunden nach der Geburt auf, und mit drei Wochen ist es bereits mehr oder weniger sozialisiert.«[2] Schon lange vor diesem Hinweis schrieb Henri Wallon, der nach einer Verbindung zwischen dem Biologischen und Psychologischen suchte: »Das Individuum ist seinem Wesen nach sozial. Es ist nicht infolge äußerer Zwänge so, sondern durch inneren Zwang. Es ist *genetisch* so angelegt.«[3] Damit ist das große Wort gefallen. Das kleine Baby ist nicht nur – wie Freud gedacht hatte – programmiert, Hunger und Tod zu vermeiden, es ist auf soziale Bindungen angewiesen, deren plötzliche Unterbrechung zu Störungen führt, die René Spitz bei Kindern im Krankenhaus entdeckt hat und die man Hospitalismus nennt. Das Neugeborene hat trotz einer rudimentären neurophysiologischen Ausstattung ein vitales Kommunikationsbedürfnis mit Körper und Sprache des anderen, den es betrachtet, ohne ihn wirklich zu erkennen, dem es aber ständig zuhört und den es mit der Nase erschnuppert. Wir alle haben das harmlose Experiment gemacht, auf ein schreiendes Baby zuzugehen und zu sehen, wie es plötzlich schweigt und zunächst nach den Schritten lauscht, dann nach Worten, die es nicht versteht, die es aber an andere Worte erinnert, die es schon im Mutterleib hörte. Sobald wir es verlassen, schreit es erneut, und dies liegt außerhalb jeglichen Bedürfnisses nach Nahrung. Wenn wir es auf den Arm nehmen und hinterher wieder niederlegen, geschieht das gleiche. Der Kontakt mit einem anderen menschlichen Körper ist also wohltuend für das Baby.

Zazzo hat seine Schlußfolgerungen zum Begriff der *Bindung* während eines Kolloquiums von Verhaltensforschern, Psychologen und Analytikern weiterführend formuliert:

»Die Erkenntnis, daß es ein *ursprüngliches Bedürfnis nach einer Bindung gibt,* ein Reaktionssystem, das nicht erlernt wird, ist tatsächlich neu und stößt die Vorstellungen um, die wir bisher vom Beginn des Lebens eines Kindes, von seiner Verankerung in der Welt und folglich auch seiner ursprünglichen Natur hatten.«[4]

»Die Theorie von der Bindung kann man folgendermaßen formulieren: Die Errichtung der ersten Kontakte zwischen Kind und Mutter oder der Person, die an ihre Stelle tritt, entspricht einem fundamentalen biologischen Bedürfnis, einem Primärbedürfnis, das von *keinem anderen abgeleitet* ist.

Wenn dies zutrifft, muß man die Freudsche Theorie, nach welcher die Nahrung das einzige Urbedürfnis ist, dessen Befriedigung eine libidinöse Beziehung zu der Ernährerin schafft, aufgeben ... Das Kind ist ein soziales Wesen in seiner biologischen Ökonomie, und seine Sozialisierbarkeit kommt schon in seinen ersten Reaktionen zum Ausdruck.«[5]

Auf demselben Kolloquium erweiterte Didier Anzieu den Begriff der Oralität und bezog ihn auf den ganzen Körper und seine Oberfläche: »Neben dem Saugen, dem Sichfüllen, der Aufnehmbarkeit innerer Objekte spielt die Haut eine ebenso wichtige Rolle ... Sie wird bei der Pflege durch die Mutter stimuliert, beim Baden, Waschen, Abtrocknen, auch wenn es getragen und in den Arm genommen wird.«[6] Das Kind kann also eine ganze Menge Empfindungen haben, die es nicht nur bei der Mutter erfährt: Jedes Kind kann vor der empfindlichen Zeit des sechsten Monats zu seiner ganzen Zufriedenheit von jeder anderen Person als seiner Mutter getragen, geschaukelt oder gewiegt werden. Cyrille Koupernik stellt fest: »Schließlich gibt es noch einen anderen Sinn, der sich beim Neugeborenen herausbildet – der Geruchssinn, der im übrigen in enger Verbindung zum Geschmackssinn steht. Es ist mehr als wahrscheinlich, daß das Neugeborene den Geruch seiner Mutter erkennt und damit eine Konditionierung begründet, die jedoch nicht *zweckgebunden* ist.«[7] Jeder dieser Forscher bemüht sich zu erklären, daß die Bindung des Kindes nicht unbedingt mit seinem Bedürfnis nach Nahrung oder Sexualität zu tun hat, wie Freud meinte. Das war das Hauptthema des Kolloquiums von 1979, man wollte das Neugeborene aus einer allzu strengen psychoanalytischen Begrifflichkeit befreien, die in seiner Beziehung zur Welt nur auf Bedürfnisbefriedigung gerichtete Impulse sah. Die Verhaltensforscher, die Tiermütter dabei beobachteten, wie sie nach der Geburt ihre Kinder leckten, um sie mit ihrem Geruch zu versehen, und sahen, wie die Kleinen unablässig der Mutter oder dem anstelle der Mutter angebotenen Köder folgten, sind der Meinung, daß es bei Tieren eine Art sozialer Fixierung *sui generis* gibt, die sich auch bei dem neugeborenen Menschen finden muß, jenem Supertier, das von denkenden und kommunizierenden Wesen gezeugt worden ist. Der führende Verhaltensforscher Konrad Lorenz sagte: »Die erotische Bindung nach Freud knüpft gegenseitige sexuelle Bindungen. Durch die Verhaltensforschung wird die Bindung primär, die Sexualität ist nur eine ihrer Ausformungen. An die Stelle einer Psychologie der Liebe, die auf der Sexualität basiert, tritt die ursprüngliche Liebe, von der die Sexualität nur ein Teil ist.«[8]

Verhaltensforscher, Psychologen und Psychoanalytiker haben versucht, die dem Menschen angeborenen affektiven Bedürfnisse von den körperlichen zu unterscheiden: Hunger, Durst, sexuelle Erregung etc. Die Sexualität ist ein Impuls unter anderen. Im weiteren sind diese Forscher auf den Gedanken gekommen, daß ein Kind sich durch Gewohnheit auch auf jede andere Person als die Mutter fixieren kann – warum also nicht auf den Vater?

»Bindung bedeutet eine besondere affektive Beziehung; die erste wird im allgemeinen mit der Mutter hergestellt. Diese kann jedoch auch durch Bindungen an andere Personen ergänzt werden.«[9] Zazzo faßt die Möglichkeit ins Auge, daß ein Kind mehrere Bindungen nebeneinander hat, und er bringt es deutlich zum Ausdruck:

»An wen bindet sich das Kind? Nicht unbedingt an seine Mutter, sondern an die Person, die Personen, die sich ihm widmen. *Es gibt keine Stimme des Blutes.*«[10] Dies ist ein erstaunlicher Hinweis; nachdem zunächst die angeborenen Fähigkeiten des Kindes, sich an den anderen zu binden, beschrieben wurden, heißt es jetzt, daß diese Bindung mit jedem eingegangen werden kann, der anwesend ist ... Das sollte alle Familienväter nachdenklich machen!

Koupernik erkennt seinerseits an, daß »die Bindung des Menschenkindes an die Vaterfigur und an andere Kinder wahrscheinlich wegen der theoretischen Bedeutung, die einer ödipalen Sichtweise der Mutter-Kind-Beziehung zuerkannt wurde, *ein wenig vernachlässigt* worden ist. Im Hinblick auf die *Vater-Kind-Beziehung besteht gewiß ein Unbehagen*, denn sie kommt dem Begriff des Ödipus in die Quere.«[11]

Die ödipale Bindung von Mutter und Kind oder genauer gesagt Mutter und Sohn, bei der die Entwicklung des Mädchens mit einem Fragezeichen versehen wird, ist den meisten freudianischen Analytikern lieb und wert, und Zazzo brachte bei der Zusammenfassung des Kolloquiums auch deutlich zum Ausdruck, daß die Hypothesen der verschiedenen Forscher nicht als Angriffe auf die Psychoanalyse betrachtet werden dürften. In der Tat könnten diese neuen Hypothesen die Vorstellung, daß das Baby nur mit *einer* Person – der Mutter oder einer weiblichen Ersatzperson – eine *einzige* Beziehung eingeht, in Frage stellen und eines Tages Freuds Auffassung von der »Objektbeziehung« revidieren.

Bowlby, selbst Analytiker, interessierte sich als erster für jenen Begriff der »Bindung« und sah darin ein primäres soziologisches, vom oralen Bedürfnis unabhängiges Phänomen. Die Teilnehmer des wichtigen Kolloquiums von 1979 waren Analytiker, Psychologen oder Ethnopsychologen. Sie haben seither in ihren Einrichtungen die Forschungen über die sensorischen Möglichkeiten des Fötus und Neugeborenen fortgesetzt, von denen die Beziehung des Kindes mit der Welt und seiner Familie abhängt.

So sind neue Fragestellungen aufgekommen, wie Freud bereits vorausgesagt hatte: »Ich bin nicht mehr der einzige; eifrige Mitarbeiter, die bereit sind zu erforschen, was noch nicht vollendet und nicht gewiß ist, sind Legion.«[12] So erscheint es ganz natürlich, daß sich Boris Cyrulnik 1990 im Hinblick auf den Vater folgende Frage stellte:

»Der über die Geruchsnerven führende Kommunikationskanal zwischen Vater und Säugling vor der Geburt ist aufgrund matrozentrischer Vorurteile bisher nicht untersucht worden. Man weiß, daß der Vater einen charakteristischen Moschusgeruch hat, daß die Mutter diese Geruchsmoleküle einatmet und daß sie sich gegen Ende der Schwangerschaft im Fruchtwasser finden ... Handelt es sich um den Geruch des Vaters oder um den des

70

Mannes, der bei der Mutter lebt?«[13] Wir haben uns weit vom »Namen des Vaters« entfernt, an den sich so viele Analytiker immer noch klammern, da sie es nicht wagen, die Schriften Lacans zu überarbeiten, und der Tatsache gleichgültig gegenüberstehen, ein Kind könne manchmal von dem Vater, der es gezeugt hat, zu dem Vater, zu dem es eine Bindung hat, wechseln.

Der Vater, zu dem das Kind eine Bindung hat

Seit langer Zeit entscheiden die Frauen, »wer« der Vater ist, denn sie haben das Recht erlangt, ihr Herz, ihren Körper, ihre Kinder und ihre Liebe aufeinander abzustimmen. Seit mindestens zwanzig Jahren ist der »Name des Vaters« ein Zeichen geworden, dem nichts eindeutig entspricht und das von einem Mann auf den anderen übergehen kann. Je nachdem, wie sich die Mutter an diesen oder jenen bindet, ändert sich der Vater des Kindes. Wie wirkt es sich auf ein Kind aus, weder den Geruch noch die Stimme dessen wiederzuerkennen, an den es sich monatelang gewöhnt hatte? Was geschieht, wenn ein anderer seinen Platz einnimmt? Kann das Kind sich noch orientieren, und auf welchem Weg? Mit welchen Worten? Alles, was es tief im Inneren in sich trägt, entspricht nicht dem, was es heute hört, spürt und sieht ... Schwierige Scheidung, die sich zuerst in der geheimsten Logik unserer Kinder abspielt.

Durch den Rückgriff auf biologische Forschungen und Beobachtungen der Verhaltensforscher könnte die Psychoanalyse eine andere Perspektive für die Art und

Weise finden, wie ein Kind sich Bindungen schafft. Auf einem anderen Weg als dem Freuds kann man, ohne die Besonderheiten des oralen, analen oder phallischen Stadiums und die Entstehung einer ödipalen Bindung an den gegengeschlechtlichen Elternteil zu leugnen, andere entscheidende Varianten beim Kind ausmachen. So läßt sich eine analytische Theorie entwickeln, die das Unbewußte der Mutter nicht mehr als einzige Grundlage für das Unbewußte des Kindes anerkennt.

Je mehr wir uns auf die Zweierbeziehung von Mutter und Kind versteifen, desto größer wird die Verantwortung der Mutter für das Kind, und desto mehr wird der Vater aus dem Erziehungssystem ausgestoßen. Da er keinen Uterus besitzt, um das Kind zu tragen, und auch keine nährende Brust, scheint es nichts zu geben, worauf sich eine Beziehung mit dem Säugling gründen könnte. So wäre er in den ersten Monaten zu nichts nütze und müßte sich ganz auf seine Frau verlassen, um bei dem Kind, das auch das seine ist, eingeführt zu werden. Daß er eines Tages von ihm getrennt werden soll, im Namen der einzigen Frau, der einzigen Mutter, erscheint vollkommen unlogisch.

Der Weg der Väter im Sinne der Lacanschen Theorie ist oft eine Art Sackgasse, an deren Ende sie allein stehen, zu Unrecht, weil doch auch ihr Blut in den Adern des Kindes fließt, das nun einen anderen Vater hat, den es liebt, zugleich aber noch den Namen dessen trägt, der es gezeugt hat. Die Väter weinen und tun sich zusammen, um sich gegen die Mütter zu wehren, die ihnen ihr Kind weggenommen haben, die Frauen, die ihr Kind immer noch lieben, aber nicht mehr den Mann, mit dem sie es

72

gezeugt haben. Sollen solche Väter verschwinden, schweigen, sollen sie es hinnehmen, daß ihre Kinder sie vergessen? Diese Fragen stellen sie sich immer wieder. Werden die Körperzellen des Kindes vergessen, was sich ihnen im Lauf der Zeit ohne Worte eingeprägt hat? Kann die Mutter mit Worten etwas beseitigen, was in die Seh-, Hör-, Tast- und Geschmackszellen des Kindes eingeschrieben ist?

Man muß darüber nachdenken, ob ein Kind mehrere Väter haben kann, von denen jeder vom Kind auf andere Weise gespeichert und geliebt wird. Kann das Kind einen Vater, den die Mutter ablehnt, weiter lieben? Was tritt an die vom ersten Vater biologisch besetzte Stelle? Schweigen, etwas Unaussprechbares und Unverstehbares, eine Verdrängung, die weitere nach sich zieht. In der Schule und zu Hause klagt man, das Kind sei »unkonzentriert«. Dies trifft auch zu, wenn man ihm verbietet, in sein eigenes Zentrum vorzudringen, dorthin, wo der »verdrängte« erste Vater schläft. Die Mutter kann den Vater, nachdem sie ihn geliebt hat, ablehnen, ohne ihn verdrängen zu müssen, weil sie sich nicht mehr in der Phase der Prägung und Bindung an das Urobjekt befindet. Was aber für die Mutter gilt, das gilt nicht für das Kind. Dank neuer Forschungen wird man bald begreifen, daß ein Vater sich dem Kind vom vierten Monat der Schwangerschaft an dank intrauteriner Wahrnehmungen »einprägt« und daß er nicht mehr auszulöschen ist. Deshalb werden Kinder, die im frühen Alter adoptiert wurden, plötzlich eines Tages mit vierzehn oder vierzig wach und wollen *ihn* wiederfinden – *ihn,* den ihr Körper mit sich herumträgt, unbewußt und für immer. Dann wundern sich alle, man hatte es dem Kind doch so gut erklärt, und es hatte alles verstanden, alles akzeptiert. Während aber sein Verstand begriff, hörte sein Körper weiterhin eine andere Stimme als die der Adoptiveltern.

Man muß also die sensorischen Wege aller Adoptivkinder, der Waisen, der Kinder, die weggegeben wurden, der Kinder, die durch die Scheidung ihren Vater verloren haben, suchen. Alle Kinder sind ein Stück Wegs mit ihrem Vater gegangen (außer jenen, deren Vater fortging, ohne zu wissen, daß er in einer bestimmten Nacht ein Kind »in die Welt gesetzt« hatte).

Das Erwachen der Sinne

Durch die Embryologie wissen wir, daß die Sinne im Lauf der Schwangerschaft zunehmend erwachen. Der Embryo fängt bei Null an und wird in den folgenden Monaten durch verschiedene Wahrnehmungen bereichert – dank der Entwicklung des Nervensystems, das bei der Geburt noch sehr rudimentär funktioniert.

Zunächst kommen Tastempfindungen: Vom vierten Schwangerschaftsmonat an fühlt das Kind mit Händen und Füßen die Grenzen seiner Behausung (dies ist der Zeitpunkt, in dem die Mutter die ersten Kindsbewegungen spürt). Dann folgen Geschmacksempfindungen: Das Kind schluckt Fruchtwasser, in dem es verschiedene Geschmacksvarianten wahrnimmt (mit sechs Monaten fühlt es sich durch Süßes angezogen; wenn man den Sacharingehalt des Fruchtwassers erhöht, schluckt der Embryo schneller).[14]

Gegen den sechsten Schwangerschaftsmonat vervollkommnet sich das Gehör und ermöglicht dem Fötus, sich mit der sozialen Umgebung vertraut zu machen: Er hört Geräusche außerhalb des Mutterleibs, und die Stimmen von außen mischen sich mit den Geräuschen im Innern: Geräusche von Darmbewegungen, regelmäßige Herzschläge, die Atemgeräusche der Lunge der Mutter. Im sechsten Monat nimmt das Kind seine Umgebung auf, die Familie dringt in seine Gefühlswelt vor und wird Teil von ihm. Nachdem Franz Veldman dies festgestellt hatte, fragte er sich, ob er nicht mittels Berührung und Stimme in direkten Kontakt mit dem Fötus treten könne. Seine Eingebung erwies sich als fundiert: Wenn ein Vater seine Hände auf eine bestimmte Stelle des Mutterleibs legt und sein Kind ruft, bewegt es sich bereits im sechsten Monat angeregt durch taktile und auditive Wahrnehmungen zu der Stelle hin, an der er es erwartet. Zum erstenmal entdeckte man 1980, daß auch der *Vater* der *pränatalen Welt seines Kindes angehören konnte.* Diese Entdeckung führte zur heute angewandten Technik, mit der man mit dem Fötus lange vor seiner Geburt kommunizieren kann: Es handelt sich um Haptonomie.

Daß ein Fötus sehr wohl wahrnehmen kann, was sich außerhalb seiner Mutter abspielt, bestätigte sich mir, als ich um 1970 Kinder von acht und zwölf Jahren behandelte, die besonders nervös und unruhig schienen. Bei der Anamnese stellte sich heraus, daß sie das Leben im Mutterleib in Algerien verbracht hatten, inmitten von Alarm und Anschlägen, in einer Mutter also, die oft Angst hatte und erschreckt hochfuhr, wenn sie das Kriegsgeschehen in ihrem Viertel vernahm. Das Kind erfuhr die Unsicherheit des inneren Lebensraums, weil der Uterus der Mutter sich wegen ihrer Angst zusammenzog: Die Instabilität *in utero* war zur normalen Lebensweise für die Kinder geworden, die später unruhige und wenig konzentrierte Schüler waren. Während der drei letzten Monate der Schwangerschaft nimmt das Kind mit dem Tastsinn alle Änderungen der Stellung des Uterus wahr, je nachdem, ob die Mutter sitzt, steht oder liegt. Es hört auch die Stimmen seiner beiden Eltern, unterscheidet die des Vaters von der der Mutter, die sich durch das Fruchtwasser verschieden anhören. Die Stimme der Mutter wird durch Vibrationen des Thorax begleitet – so hört und fühlt das Kind seine Mutter sprechen; sie spricht *von innen* zu ihm, während der Vater *von außen zu ihm spricht.*

Wenn es geboren ist, braucht es nicht lange, um die Schallwellen der Stimme seiner Mutter zu erkennen, die es zum erstenmal ohne die innere Vibration des Zwerchfells hört. Ton und Schnelligkeit des Sprechens der Mutter erkennt der Säugling bereits mit drei Tagen unter verschiedenen Frauenstimmen (nachgewiesen wurde dies mit der Aufzeichnung seiner Herztöne). Mit dem Vater verhält es sich ebenso; bald wird seine Stimme unter verschiedenen Männerstimmen erkannt. Alle diese Experimente unternahm und bewertete Hubert Montagner in seinem Buch *L'Attachement et les débuts de la tendresse.*[15] Diese Untersuchung zeigt, wie sehr ein Fötus schon von sechs Monaten an alles tief in seinem Versteck vernimmt – sowohl Worte als auch andere Geräusche von außen und innen. (Ein Neugeborenes hört auf zu weinen, wenn man es ein Herz vernehmen läßt, das 72mal pro Minute schlägt und damit der Herzfrequenz der Mutter entspricht. Ein Metronom, das deutlich langsamer oder schneller schlägt, bewirkt keine positive Reaktion beim Kind.)

De Casper und Spence ließen eine Mutter während der letzten Schwangerschaftswochen mehrmals denselben Text vorlesen und stellten nach der Geburt eine gewisse Vorliebe für diesen Text fest – ein Hinweis auf eine Art pränatales Gedächtnis. Satt erreichte mit einem Wiegenlied dieselben Ergebnisse. Ich erinnere mich an einen vierzigjährigen Herrn, der, wenn er eine bestimmte osteuropäische Musik hörte, weinen mußte. Er bat mich festzustellen, ob sie auf mich, seine Therapeutin, die gleiche Wirkung habe. So ein Versuch wäre sinnlos gewesen, aber durch meine Frage: »Woher stammt Ihre Mutter?« fand sich bald eine Lösung des Problems. Sie war Rumänin und sang zu Hause viel. Außerdem waren die zahlreichen Kinder der Familie von jungen Mädchen erzogen worden, die aus Osteuropa stammten. Von diesem Tag an konnte er die Musik, die Teil seiner Geschichte war, hören ohne eine körperliche Reaktion, die an die Stelle von Worten trat.

Bei Neugeborenen scheint es eine Art akustisches Proto-Gedächtnis zu geben, das für eine gefühlsmäßige Kontinuität zwischen dem Leben innerhalb und außerhalb des Uterus sorgt. Ebenso verhält es sich mit dem Geruchssinn, der bei der Geburt besonders stark ausgeprägt ist und das Neugeborene zu Dingen befähigt, zu denen es mit seinem schwachen Sehvermögen nicht in der Lage wäre: »Sieben Tage alte Säuglinge können zuverlässig den Geruch von Kompressen, die mit der Brust der eigenen Mutter in Berührung gekommen sind, von solchen unterscheiden, die mit den Brüsten anderer stillender Mütter in Kontakt waren (Mac Farlan, 1975), und zwar in 80 Prozent der Fälle.«[16]

Und weiter: »Der Säugling kann eine ausschließliche Bindung mit seiner Mutter eingehen, nicht allein wegen des Geruchs ihrer Brust, sondern auch dem des Halses, der nichts mit der Befriedigung von Ernährungsbedürfnissen zu tun hat. So stellt sich das Kind einen chemischen Personalausweis seiner Mutter zusammen, auch außerhalb der Stillzeit.«[17]

Warum sollte der Geruchssinn des Säuglings, der eine wesentliche Rolle in der Bindung an die Mutter spielt, nicht ebenso wirksam sein, wenn es um den Vater, dessen Arm und Hals, mit einem Wort: dessen Geruch geht? Der letzte der fünf Sinne, der sich, allerdings nur langsam, entwickelt, ist das Sehen. Nach seiner Geburt sieht der Säugling nur langsame Bewegungen in einem bestimmten Abstand (20 bis 25 cm). Die Sehfähigkeit wird erst mit sechs Monaten voll erreicht.

Nicht durch das *Sehen* wird der Vater vom Kind erkannt. In den ersten sechs Monaten, während die Bindung zu den nahestehenden Personen aufgebaut wird, spielen *Gehör, Geruchssinn und Tastsinn* eine entscheidende Rolle. Die Haut des Vaters, die nicht dieselbe ist wie die einer Frau, seine flaumigen, behaarten Arme, sein rasiertes Gesicht, das ein bißchen kratzt, seine tiefe Stimme – all dies ist anders als bei der Mutter. So kann ein Vater im Leben und Tagesablauf des Kindes präsent sein, ins Unbewußte aufgenommen werden wie die Mutter, zu der Zeit, in der das Kind mit dem anderen verschmilzt, der sich mit ihm beschäftigt.

Über die Stimme, den Geruch und die Haut dessen, der sich um es kümmert, lernt das Baby rasch, zwischen den Personen zu unterscheiden, die zu seiner Umgebung gehören. Sie werden zu Personen innerhalb des Kindes, denn alle seine bereits erwachten Sinne nehmen den Eindruck auf und speichern ihn. Das Ohr, der Nasenrachenraum, der Mund und die Haut erinnern sich an jene, die in den ersten Monaten in seiner Nähe waren.

So kann ein Geruch, ein einfacher Geruch, der uns als Erwachsenen begegnet, eine »unsagbare« Erregung hervorrufen. Erinnern Sie sich an die Geschichte jenes Liedes aus Osteuropa, denken Sie an Ihre ersten Gefühle der Liebe, die so plötzlich und überraschend über Sie kamen ...

Um einen Platz in der *Gestalt* des Kindes zu erlangen, muß man sich »beschnuppern« lassen und deshalb ganz nah bei dem Kind sein. Man muß sich auch zu Gehör bringen. Man muß Gelegenheit haben, das Kind zu tragen und zu berühren – beim Füttern, Wickeln oder Spielen. Dies machen alle Mütter mindestens drei Monate lang mehrere Male am Tag! Väter können dies nur drei Tage lang tun (mehr gesteht ihnen das Gesetz nicht zu), bevor sie wieder zur Arbeit zurückkehren müssen. So ist es kaum denkbar, daß ein Mann in dieser U*rgestalt* einen Platz einnehmen und vermeiden kann, daß man ihn bald des Feldes verweist und er zum bloßen Zuschauer der Zweiheit von Kind und Mutter wird. Der Mutter ist es gesetzlich erlaubt, mit ihrem Kind eine Symbiose von drei Monaten oder mehr einzugehen.

»Wie viele Väter werden jahrelang verstohlen auf die Position blicken, welche die Mutter ihres Kindes hat, und nicht wissen, welchen Stellenwert sie selbst haben?«[18]

Soll man dem Vater die Rolle des Zuschauers oder Vertreters zuerkennen, wenn die Mutter nicht da ist, und soll man ihn, wenn er sich um das Baby kümmert, wie Boris Cyrulnik »Bemutterungsvater« oder wie Elisabeth Badinter »Vater–Mutter« nennen? Oder soll man endlich begreifen, daß das Kind, wenn es zu Wahrnehmungen und zur Gewöhnung an seine Mutter fähig ist (oder an jene Frau, die deren Stelle einnimmt, wie die Autoren immer vorsichtig schreiben), auch den Vater »riechen«, »berühren« und »hören« kann und sich so an die beiden Menschen, die seine Eltern sind, gewöhnt?

Hubert Montagner schreibt: »Ich begrenze die Bindung nicht auf die Beziehungen zwischen Baby und Mutter oder Ersatzmutter. Nichts berechtigt uns, diesen Begriff allein auf diese Beziehungen anzuwenden, selbst wenn es die ersten sind, selbst wenn sie eine wesentliche Rolle bei der Prägung und Entwicklung des Kindes spielen ... Baby und Kleinkind sind Wesen, die auf Interaktion und Bekanntes angewiesen sind, und sie können Interaktionen mit einer *anderen Person* ihrer Umgebung eingehen und Nähe und Kontakt zu ihr finden, vor allem in Situationen, die als verunsichernd und beängstigend wahrgenommen werden ... Deshalb kann niemand die Hypothese zurückweisen, daß das Kind verschiedene Bindungen eingeht ..., die mit anderen Personen der Familie geknüpft werden können, also dem Vater, den Brüdern und Schwestern.«[19]

Der Vater kann Teil der Bindung des Kindes sein – in dem Maße, wie er mit ihm lebt. Leider ist dies nicht sehr oft der Fall, und wenn der Vater wenige Tage nach der Geburt wieder zur Arbeit gehen muß, überläßt er das Kind zum erstenmal der Mutter. Hier beginnt der Vorrang der Bindung des Kindes an die allgegenwärtige Mutter, und wenn man dem Kind den Vater zurückgeben will, muß man bereits hier mit den Gewohnheiten brechen und vor allem die Gesetze ändern. Auch der Vater sollte Erziehungsurlaub erhalten, ähnlich wie die Mutter. Man muß über die wirkliche Situation der Väter reden, nicht über ihren idealen Platz.

Die meisten dreimonatigen Babys kennen ihre Mutter besser als alle anderen Familienmitglieder, eben weil sie die Mutter am häufigsten gehört, gerochen, berührt haben, weil sie immer da war und sich ausschließlich um ihr Neugeborenes gekümmert hat. Schon in den ersten Monaten stellt die Mutter eine Distanz zwischen dem Vater und seinem Kind her. Sie genießt alle Vorteile der Rechtsprechung und erkennt den Vater nicht als »notwendiges Bezugsobjekt« des Kindes an. Warum? Weil er, so antwortet die gesamte Ärzteschaft einstimmig, keine Körpersymbiose mit dem Kind erfahren hat, es nicht in seinem Leib trug und ihm nicht die Brust geben kann.

Hier wird die Beziehung, die das Kind während der Schwangerschaft mit dem Vater erlebt hat, einfach geleugnet. Vergessen wir nicht, daß es seine Stimme durch die Bauchdecke hörte, daß der Moschusgeruch des Vaters im Fruchtwasser enthalten war, in dem das Kind lebte, und daß die Hände des Vaters versuchten, das Kind durch den Mutterleib zu tasten. All dies wird im Proto-Gedächtnis des Kindes gespeichert, und bei seiner Geburt erkennt das Kind manche Merkmale seines Vaters ebenso, wie ihm die Herzfrequenz der Mutter vertraut ist, mit der es monatelang gelebt hat.

Die Verwirrung der Sinne, die durch die Geburt hervorgerufen wird – Otto Rank nennt sie Traumatisierung –, löscht die elterliche Prägung, die den Nervenzellen des Fötus eingeschrieben ist, nicht aus.

Worin besteht das Geburtstrauma? In dem Lärm, der plötzlich in die Ohren eines Wesens dringt, das nur an gedämpfte, durch den Mutterleib gefilterte Geräusche gewöhnt war. Die Nase ist plötzlich leer und nimmt Gerüche wahr: das Blut, das fließt, wenn es den Mutterleib verläßt, das ausgelaufene Fruchtwasser, den Kreißsaal und natürlich alle Anwesenden: Arzt und Vater, die Mutter, zwischen deren Beinen es landet, die Krankenschwester, deren Kittel nach Sterilisierungsmittel riecht, dazu vielleicht ihr Eigengeruch. So viele wahrzunehmende Gerüche vermischen sich miteinander, so viele Geräusche, daß die Sinne des Neugeborenen in Erregung versetzt werden. Dazu kommt das Licht, das im Uterus ganz schwach ist und jetzt plötzlich in aller Helligkeit strahlt und blendet. Es gibt Grund genug zu schreien! Das Kind schreit, es spürt, wie Flüssigkeit aus seinem Körper dringt und Leere hineinkommt, das Licht blendet, die Gerüche sind überwältigend. Ein schwimmender Fisch, der, wenn er das schattige Aquarium verläßt, den Mund weit öffnet, um zu schlucken, wie er es vorher im Uterus getan hat, aber er schluckt nichts als Luft, deren Gewicht und Schwere er nicht spüren kann, und dieses erste Aufnehmen von Luft wandelt sich in einen Schrei – ein armes Wesen, dem man in einem Augenblick alles nimmt, was es vorher besaß, und etwas gibt, was es nicht kennt. Wenn man es in den Arm nimmt, um es zu trösten, erschrickt es noch mehr über diese zehn Finger, die ihm wie tausend erscheinen – es ist ja direkte Berührung nicht gewöhnt. Wenn es könnte, würde es sogleich in sein Versteck zurückkehren wie ein Tier, das man gezwungen hat, seinen Bau zu verlassen.

Wo ist in dieser kosmischen Katastrophe der Vorrang der Mutter? Sie hat keine bessere Stellung als der Vater. Beide versuchen, durch leises Sprechen die Ohren des Kindes zu schonen. Manche Wissenschaftler glauben, die tiefen Frequenzen der Stimme des Vaters seien leichter zu ertragen als die hohen der mütterlichen Stimme. Dies müßte man noch nachweisen. Alle sagen dem Kind, man sei froh, daß es da ist, man liebe es, habe es sehnsüchtig erwartet; es hört die Worte, versteht sie jedoch nicht. An ihrem Tonfall aber erkennt es die beiden Stimmen, die inzwischen so anders klingen, aber doch etwas Vertrautes haben. Es schreit nicht mehr, sondern lauscht.

Die Geburt ist eine harte Probe, an die wir uns vielleicht in unserem Innern erinnern, denn wir hören nicht auf, immer neue Geburtstechniken zu entwickeln, die den schrecklichen Übergang vom Leben im Wasser zu einem Leben in der Luft, von einem Leben für sich allein ins soziale Leben mildern, verlangsamen und erträglicher machen. Am beruhigendsten für das Kind scheint zu sein, auf dem glatten weichen Mutterbauch zu liegen (schließlich hatte der Uterus eine weiche, glatte und feuchte Wand), den Kopf so nah am Herzen der Mutter wie möglich, denn *drüben* waren ihm das Geräusch und die Frequenz des Herzens vertraut. Mit seinem scharfen

Ohr nimmt das Kind sie wahr wie alles, was es von *vorher* kennt.

Wir wissen nicht so recht, was wir angesichts der Verwirrung des neuen Menschen tun sollen – alles, was wir üblicherweise für Menschen tun, wenn sie Angst haben, scheint uns hier wenig wirksam. Dennoch hilft es dem Neugeborenen wegen dessen erstaunlicher Anpassungsfähigkeit bald. Nach dem riesigen Schock und seinem verzweifelten Schreien schläft das Kind schließlich erschöpft an der Brust der Mutter ein.

Ein neuer Platz für einen neuen Vater

Welchen Platz nimmt der Vater in diesen schrecklichen Augenblicken ein? Denselben, den er bereits während der Schwangerschaft innehatte. Er redete mit dem Fötus und fühlte ihn im Mutterleib, und nun faßt er das Baby direkt an. Junge Väter sollten ihr Baby in die Hände nehmen, auch wenn es die ersten Hände sind und das Kind, bevor sie es beruhigen, in Erstaunen versetzen. Dies ist ihre Aufgabe: das Wesen, das im Wasser von der Frau getragen wurde, nun ihrerseits in der Luft zu tragen und ihm Sicherheit zu geben. Heute beginnt das Vatersein, nicht erst nach sechs Monaten, auch nicht in einem Jahr oder dann, wenn die Mutter den Vater präsentiert, indem sie ihn nennt (wie so viele Analytiker es wünschen). Sie müssen ihr Kind gleich mit ihrem Körper annehmen, durch neue Empfindungen. *Es kann keinen Raum für den Vater geben, wenn sich die Körper nicht von Geburt an begegnen.*

Die Mutter hat das kleine Geschöpf, das in ihrem Bauch lebte, zitterte und sich hin und her bewegte, schon lange angenommen. Am Tag der Geburt kann sie es *sehen*, jetzt muß es der Vater *anfassen, annehmen,* mit dem Körper *anerkennen,* in die Arme nehmen. So entdeckt er sein Gewicht, seinen Geruch, seine Wärme und empfängt die Tritte der Füße, die das Kind jetzt in der Luft bewegt, nachdem es sie lange Zeit gegen den Bauch der Mutter gestoßen hat. Die Mutter hat das Kind im Innern getragen, der Vater trägt es außerhalb seines Körpers und muß sich an die sanfte Bürde gewöhnen, die auf seinen Armen liegt, an den leichten Flaum eines kleinen Kopfes an seinem Männerhals. Er ist bewegt von soviel Zartheit, wie die Mutter gerührt war, als sie zum erstenmal die Bewegungen des Fötus in sich spürte. Sie beschützte das Wesen in sich, und der Vater verspürt nun das Bedürfnis, das kleine Wesen in seinen großen Armen zu beschützen. Er weiß, daß dieses Gefühl ihn zum Vater macht: Er liebt den Neuankömmling, empfindet ihn als einen Teil von sich. Zum Teufel mit Winnicott und allen anderen Analytikern, die behaupteten, allein Frauen könnten Empfindungen für ihr Kind haben. Auch der Mann hat Gefühle für sein Kind, und wie soll man sie nennen, wenn nicht väterlich? Beide Eltern lieben, nähren und schützen ihr Baby gern; dies könnte man den »Elterninstinkt« nennen, der zu verschiedenen Zeiten, aber bei beiden wach wird. Wir brauchen alle einen Vater und eine Mutter. Dies ist eine scheinbar einfache, einleuchtende, beinahe elementare Wahrheit – aber Vater zu werden und es zu bleiben ist für die Männer dieses Jahrhunderts sehr schwer.

Alle Theorien über die Bindungen des Kindes sind mutterbezogen: Man stellt Untersuchungen über die Mutter-Kind-Beziehung an und zieht wissenschaftliche Schlüsse. Da es aber erwiesen ist, daß sich das Kind mit allen Sinnen an die Menschen seiner Umgebung bindet, besonders an die Person, die sich ihm ausschließlich widmet, wird mehr als deutlich, daß die Mutter auch durch einen anderen Menschen ersetzt werden kann und die Bindung des Kindes sich danach richtet: das Kindermädchen (wie im letzten Jahrhundert und heute) oder die Großeltern (die heute oft jung genug sind, um gute Eltern zu sein) – und warum nicht der Vater (wie dies noch nie war)? Nicht nur die Mutter ist mit Elterninstinkt begabt, viele Väter, Großväter und Kindermädchen gehen auf andere Weise als mit der Brust eine Beziehung zu dem Kind ein.

Das Urverhältnis kann mit anderen als der Mutter möglich sein; mit jedem, der das Kind liebt und es regelmäßig versorgt, vor dem kritischen Alter von acht Monaten, in dem sich das Kind von dem anderen löst und ein eigenständiges Individuum wird. So ist ein Kind ohne Mutter nicht mehr »verloren« wie jener dreißigjährige Mann, der mit anderthalb Jahren, als seine Mutter starb, plötzlich versteinerte und auf die *einzige* Person wartete, die für ihn zählte. Eines Tages kam er in meine Praxis wie ein Mensch von einem anderen Planeten und sagte, er »könne« weder leben noch jemanden lieben. Dabei hatte er einen Vater, Onkel und Tanten. Diese hatten es jedoch versäumt, von Anfang an zum engen Lebenskreis des Kindes zu gehören. Dieser Mann hatte mit dem Verlust seiner Mutter alles verloren, und seine ursprüngliche Libido hatte sich in ständiges Warten verwandelt. Man mußte ihm helfen, diesen Zustand einer Katastrophe und inneren Verblüffung zu benennen, man mußte ihm erklären, daß er die Person verloren hatte, die alles für ihn war. Dies hätte viel eher geschehen müssen, und das Kind hätte seinen Weg mit einem Vater fortsetzen können, der durchaus geeignet gewesen wäre, ihm elterliche Liebe zu geben.

Kontinuität ist das, was das Kind am meisten braucht, was ihm Sicherheit gibt und es befähigt, nach vorn zu schauen. Dazu bedarf es dauerhafter Grundlagen: Vater und Mutter sind die beiden Gleise, auf denen das Kind vorwärts fährt. Ein Gleis kann das andere nicht ersetzen, aber zu zweit können sie den Zug lenken. Ebensowenig kann ein Elternteil den anderen ersetzen, und der Vater ist weder der »Stellvertreter« noch ein »Ersatz« der Mutter – ebensowenig wie eine »Vatermutter«. Der Vater schenkt dem Kind eine Liebe, die anders ist als die der Mutter, weil er vom Ödipus her gesehen der Gegensatz zur Mutter ist. Wenn einer der Eltern durch den Unterschied angezogen wird, dann wird der andere durch die Ähnlichkeit motiviert; wenn einer ödipale Träume hat, hat der andere Identifikationsträume; wenn der eine erkennt, daß sein Geschlecht ein anderes ist, erkennt sich der andere im gleichen Körper. Eine Mutter ohne Vater ist keine Möglichkeit für das Kind, und wenn das Leben sie trennt, dürfen die Eltern nicht vergessen, daß die Kraft ihres Kindes in ihrer gegenseitigen Ergänzung beruht, die lange über die Scheidung hinaus bestehen muß.

»Väter und Mütter verbringen mit ihrem Baby verschieden lange Zeit: Die Mütter sind mehr reaktiv, bringen mehr Zuneigung zum Ausdruck und geben ihm mehr Pflege.«[20]

»Väter neigen eher zu aufregendem, intensivem Spiel, sie schütteln, berühren das Baby, steigern seine Erregung.«[21] Diesen Verhaltensunterschied stellen alle jene fest, die sich mit der Beziehung des Kindes und seiner Umgebung beschäftigt haben:

»In den Spielen kann man den größten Unterschied feststellen. Mütter neigen zu sanftem Schaukeln, Väter schütteln ihr Kind rhythmisch, was für das Baby eine Information von größtem Interesse ist.«[22]

Wie kann Boris Cyrulnik, nachdem er festgestellt hat, daß das Neugeborene das Verhalten des Vaters und der Mutter genau unterscheidet, einige Zeilen weiter folgendes schreiben?: »In den ersten sechs Lebensmonaten habe ich ihn ›bemutternden Vater‹ genannt, weil seine Art des Umgangs mit dem Baby der der Mutter gleicht. Der Vater dringt direkt ins Seelenleben des Kindes ein, auf dem Weg der Kommunikation der Sinne, ebenso wie die Mutter: Er folgt denselben biologischen Gesetzen.«[23]

Der Vater nimmt keine Muttergestalt an, nur weil er über dieselben Empfindungskanäle mit seinem Kind in Verbindung tritt. Es gibt keinen ausreichenden Grund, den Vater als »bemutternden« Vater zu bezeichnen.

»Die Geburt eines Babys hat für den Vater enorme Bedeutung, denn von jetzt an wird sein Leben nicht mehr sein wie früher. Die sensorische Erfahrung ist jedoch *mittelmäßig, lau, fast irreal*. Die Mutter macht die intensivste, die verliebteste, die schmerzlichste, die wirklichste gelebte Erfahrung. Der Vater müßte sagen: ›Ich weiß, daß diese Geburt von größter Bedeutung für mich ist, aber ich habe die Anfangserfahrung nicht, die meine Frau hat.‹ Wenn das Kind geboren ist, wird er gemäß dem sozialen ›Männerkindbett‹ Vater genannt.«[24]

Die Haltung dieses Autors, der besonders modern sein will, bleibt restriktiv und ambivalent, denn einmal behauptet er, der Vater könne mit seinem Kind eine affektive und sensorische Bindung eingehen, dann aber verharmlost er alles, was ein Vater empfinden kann, wenn er in direkten Kontakt mit jenem Wesen gerät, das er viel phantasmatischer erwartete als die Mutter, die es in ihrem Innern spürte.

Trotz seines Versuchs, den Vater einzuführen, kann Boris Cyrulnik nicht umhin, auf die Mutter zurückzukommen, und so steht in seinem Buch folgendes nebeneinander:

»Die einfache Tatsache, daß Interaktionen zwischen Vätern und Säuglingen erst seit 1976 untersucht werden, zeigt, wie sehr in unserer Kultur der Begriff Säugling mit der Mutter in Verbindung gebracht wurde. Viele Männer sind um das Vergnügen gebracht worden, ihre Kinder zu *bemuttern,* und wir verdanken es den Feministinnen, daß wir heute junge Männer sehen, die sich freuen, ihr Kind zu tragen, zu füttern, zu küssen und eine Kunst auszuüben, die lange nur den Großvätern vorbehalten war.«[25]

»Selbst wenn der Vater sein Kind bemuttert hat, muß er mit etwa sechs Monaten durch die Mutter vorgestellt werden. Die Sicherheit gebende Mutter besitzt die Macht, ihr Kind mit diesem Gesicht vertraut zu machen. Sie kann den Mann in ihrer Nähe »Papa« nennen und ihn, indem sie ihn so nennt, mit dem Kind vertraut machen.«[26]

Man kann sich nur wundern über solche Äußerungen, deren eine aus dem Mann eine Frau macht, weil er »bemuttert«, deren andere ihn als Mann der Umgebung bezeichnet und vergißt, daß ein Vater, der von Anfang an zur Dreiheit gehört, weder vorgestellt noch anerkannt werden muß, denn sein Kind unterscheidet ihn schon seit langem von jedem anderen Menschen. Genau wie die Mutter gehört er zu seinem inneren Bereich, seiner Urzelle.

Wenn der Vater diesen Platz einmal eingenommen hat, auf dem er sich ebenso um das Kind kümmert wie die Mutter, ist er »bevaternder« Vater geworden; warum soll man ihm ewig das Etikett des »bemutternden« Vaters aufkleben? Cyrulnik wagt nicht, die Hypothese Lacans, nach welcher der Vater von der Mutter »genannt« und »vorgestellt« werden muß, aufzugeben. Dies erscheint vollkommen überflüssig, wenn das Kind von Anfang an von seinem Vater »bevatert« wurde, denn dann wird er als Vater wahrgenommen durch seine Stimme, seinen Geruch und seine Art, das Kind festzuhalten. Derjenige, welcher *kein Fremder ist und es auch nie sein wird,* braucht nicht vorgestellt zu werden.

Daß die Mutter ihr acht Monate altes Kind Fremden vorstellt, hat nur Sinn bei Personen, die nicht zu seiner Urzelle gehören. Durch die Entwicklung seiner Sehkraft kann es Fremde von vertrauten Personen unterscheiden, ohne ihre Stimme hören zu müssen. Cyrulnik tut den Vätern keinen Gefallen, wenn er sie mit jenen gleichsetzt, die keine Symbiose der Sinne mit dem Kind eingegangen sind und ihm vorgestellt werden müssen. Manche wollen nicht auf die Besonderheit der Mutter verzichten, und für sie tut jede Person, die sich um ein Kind kümmert, ähnliches wie die Mutter. Wie soll sich ein Mann mit einem solchen Frauenstatus wohl fühlen? Warum soll man den Vätern nicht sagen, daß das, was sie mit ihren Kindern tun, »Bevaterung« heißt, weil es vom Vater stammt? Warum soll man ihnen nicht sagen, daß, wenn sie ihr Kind nicht »bevatern«, dies nur ein anderer Mann an ihrer Stelle tun kann? Warum sagt niemand, daß ihre Funktion anders ist als die der Mutter, weil sie Väter sind, ein anderes Geschlecht haben, sich wie Männer bewegen, also anders als Frauen, und auch vom Kind als anders empfunden werden, daß ihre Liebe zum Kind eine andere Färbung hat gemäß dem Gesetz des Ödipus und als Gegenbild zur Mutter?

Die Männer können unbesorgt sein: Sie allein können Väter sein, sie werden dadurch nicht zu Frauen. Frauen hingegen, die sich als einzig für das Kind verantwortlich erklären, laufen Gefahr, die wirklichen Väter zum Verschwinden zu bringen – und ebendies tut das Gesetz in Frankreich seit 1972.

Selbst Elisabeth Badinter, bekannt als jene, die Männer und Frauen versöhnen will, nachdem sie in dem Buch *Mutterliebe* jeglichen Vorteil der Frau gegenüber dem Kind ausgeschlossen hat, kommt heute zu der überraschenden Hypothese von einem androgynen[27] Mann, der manchmal »bemuttert«, manchmal Rugby spielt. Ich habe nichts gegen Bemutterung, ganz im Gegenteil, aber ich glaube nicht wie Elisabeth Badinter, daß »Mutterschaft geschlechtslos ist«. Allein die Tatsache, daß das

91

Wort mit der lateinischen Wurzel *mater* beginnt, weist es der Frau-Mutter zu, Vaterschaft geht auf das lateinische *pater* zurück und verweist auf den Mann-Vater – warum eine so seltsame Gestalt wie den Androgyn erfinden, der auch Vater-Mutter ist, wenn es um einen Mann geht, der sein Kind liebt?

Alle Autoren, auch wenn sie dem Mann empfehlen, sich um sein Kind zu kümmern, machen ihn darauf aufmerksam, daß er für einige Zeit ertragen muß, mit einer Frau gleichgesetzt zu werden, weil er »bemuttert«. Die Väter können »Bemutternde« werden, sagt Boris Cyrulnik, und es ist schwer für die Männer, sich im Wirrwarr von Muttervateraufgaben zurechtzufinden. Man rät ihnen ab, einen gleichen Stellenwert wie den der Mutter zu fordern, und empfiehlt, innerhalb einer psychischen Dreiecksverbindung zwischen Vater, Mutter und Kind »idealer Vater« zu sein, oder flüstert ihnen ein, alles stünde zum Besten, wenn sie Vater-Mütter oder »bemutternde« Väter würden. Niemand sagt ihnen, daß ein Mann, der Vater geworden ist, *bleibt, was er ist:* ein männliches Wesen, das heute sein Kind auf seine männliche Weise liebt. Zur Vaterschaft gehört weder eine Geschlechtsumwandlung noch eine Änderung des Verhaltens – sie bedeutet, sein Kind zu lieben und ihm zu zeigen, wie man mit denen, die man liebt, umgeht. Menschen zeigen ihre Zuneigung, indem sie sich küssen, umarmen, sich die Hand reichen, Dinge gemeinsam tun, über Schwierigkeiten reden, sich gegenseitig zum Essen einladen. Wenn jemand zu jung oder zu alt ist, seinen Löffel zu halten, wird ihm einer, der ihn liebt, helfen (von einem Unbekannten würde er dies nicht annehmen). Dies alles muß der Vater mit seinem Kind machen, und das nennt man »bevatern«.

Tessy Berry Brazelton fügt einen prachtvollen Stein in das Gebäude der Vaterschaft, wenn er schreibt: »Wenn das Baby die Gegenwart des Vaters spürt (über die Mutter oder durch das direkte Engagement des Vaters beim Baby), *entsteht eine frühe Dreiecksbeziehung,* zu der ein Dritter, ein Nicht-Mutter gehört.«[28]

Hier haben wir es, das präzise und zugleich vage Wort. Der Vater ist die Nicht-Mutter – der, welcher anders ist als die Mutter, würde ich es lieber nennen –, aber die Formulierung, die den Vater bezeichnet, ist geboren: Der Vater ist der, der nicht die Mutter ist. Die Männer sollen Mut fassen und auf ihr Neugeborenes zugehen mit den Bewegungen eines Mannes; das Kind braucht auch sie!

»Übrigens haben neue Forschungen über die Interaktion ein Phänomen bewiesen, das uns zwingt, die Bedeutung einer primären Bindung zwischen Vätern und Kindern anzunehmen. Wenn der Vater wirklich anwesend ist (psychisch und räumlich), zeigen Babys Bindungsfähigkeiten an ihn ebenso schnell wie an die Mutter. Diese Untersuchungen beweisen, daß der Vater ein von Anfang an kompetenter Elternteil sein kann und daß die Bindung an den Vater früher entsteht, als wir uns vorstellen konnten. All dies zeigt, daß der Vater für die Entwicklung der Identität des Knaben eine entscheidende Rolle spielt. Sie können eine gegenseitige Bindung haben, mentale Bilder einer Nicht-Mutter hervorbringen, das Kind in die Welt der Unterschiede (insbesondere sexueller Art) und in die soziale Welt einführen. Auf diese Weise wird er zum alternativen Identifikationsobjekt, was den Knaben vor der Exklusivität einer symbiontischen Mutter-Kind-Beziehung schützt und die Dauer der weiblichen Prägung und Identifikation relativiert.«[29]

Hier hat endlich jemand begriffen, welche Gefahr von einer Symbiose ausgeht, die nur mit der Mutter eingegangen wird. Er schlägt vor, daß der Vater eingreift, da dies die einzige Möglichkeit ist, diese Bindung zu lockern und dem männlichen Kind endlich ein anderes Vorbild als das der Mutter zu geben. Schließlich haben die Väter so lange gebraucht, bis sie ihre wirkliche Vaterrolle entdeckten, weil sie das weibliche Modell auf keinen Fall nachvollziehen wollten.

»Die Angst so vieler Männer vor Babys ist der Ausdruck der ständigen Furcht, in die primäre Feminität zurückzufallen: Unserer Meinung nach ist dies der psychische Faktor, der am stärksten dazu beiträgt, daß Männer sich nicht mit kleinen Kindern beschäftigen wollen... Sie sind bereit, Vater zu werden, aber nur, wenn diese Rolle von jeder Ähnlichkeit mit dem Muttersein befreit wird.«[30]

Dies entspricht der Antwort, die eine Umfrage[31] bei hundert Vätern anläßlich der Entbindung ihrer Frauen ermittelte: Etwa 70 Prozent von ihnen antworteten auf die Frage: »Gibt es einen Vaterinstinkt?« mit Ja, was beweist, daß der Mann beginnt, die Kinder nicht mehr allein der Mutter überlassen zu wollen. Eine ermutigende Antwort, denn sie weist darauf hin, daß sich eine Änderung bei den Männern ankündigt.

Einstweilen fühlen sich die Männer noch gehemmt,

ihre Aufgabe ernst zu nehmen, weil sie sich an ihre Mutter erinnern, die als einzige die infantile Symbiose mit ihnen eingegangen ist, und so fällt es ihnen schwer, etwas zu tun, was bislang eine weibliche Aufgabe war. Es wird aber die Zeit kommen, in der die Männer, die heute geboren werden, sich an die Zuneigung ihres Vaters erinnern und sie als männliche Zärtlichkeit an ihre Kinder weitergeben. Diese Veränderung dauert lange, aber sie verbreitet sich wellenartig immer weiter. Kinder haben oft zärtliche, liebende Väter, die sich auf ödipale oder nichtödipale Gefühle einlassen, wissend, daß der Ödipus eine schwierige, aber unvermeidliche Etappe ist, die das Kind um so besser durchsteht, wenn es dabei von beiden Eltern begleitet wird, von denen der eine als Basis der eigenen Identität und der andere als Identifikationsmodell dient.

Ich kann Ihnen eine Geschichte erzählen, an der deutlich wird, was im Herzen eines Kindes vorgeht, wenn sein Vater sich nicht um es kümmert, weil er glaubt, er überlasse dies am besten den Frauen.

Ein siebenjähriges Mädchen aus einer wohlhabenden Familie im Südwesten Frankreichs lebte bei seinen Eltern. Dort waren sieben Kinder, und jedes hatte eine Amme, die es stillte und bis zum Alter von zwei Jahren versorgte. Dann wurden sie den Hausmädchen übergeben, die sie im Auftrag von Monsieur und Madame wuschen, kämmten, anzogen – es sah seine Mutter nur am Abend im Bett beim Beten und seinen Vater nur von weitem bei Tisch, wo die Kinder nicht reden durften. Eines Tages lief das kleine Mädchen durch den Garten. Es lief zu schnell, stolperte über einen Stein und schürfte sich das Knie auf – wie es uns allen irgendwann passiert – und blutete. Die Geschwister holten das Hausmädchen, dieses rief die Dame des Hauses. Sie begriff, daß ein Unglück geschehen war, und alarmierte den Hausherrn. Er war tief bewegt, daß sein Kind blutete, streichelte ihm spontan den Kopf und sagte: »Meine arme Theresa.« Das Kind hob plötzlich erstaunt den Kopf und sagte zu ihrem ihr bis dahin fremden Vater: »Papa, haben Sie mich gern?«

Dieses kleine Mädchen war meine Mutter, die mit sieben Jahren glaubte, Väter liebten ihre Kinder nicht, und das sei auch nicht ihre Aufgabe. Es war um 1910. Diese bemerkenswerte Geschichte erzählte meine Mutter mir eines Tages bei einem Gespräch, ohne zu ahnen, daß ihrer Tochter ebendieses Problem in ihrer Arbeit als Analytikerin immer wieder begegnen sollte. Mein Vater war Arzt, und er nahm mich in den ersten Momenten meines Lebens in den Arm. So konnte ich vom ersten Augenblick an seinen Geruch aufnehmen, die Berührung seiner langen, knochigen Hände spüren, die ich nach so vielen Jahren immer noch nicht vergessen habe. Wenn ich krank war oder mich verletzt hatte, untersuchte er mich, betastete mich, hörte mich ab, und obwohl er nie mit mir sprach, wußte ich, daß mein Vater mich liebte. Im Gegensatz zu vielen anderen habe ich daran nie gezweifelt.

Hier kann man sehen, wie verschieden die Gefühle von Kindern derselben Familie, derselben Gegend, desselben Milieus sein können. Es hängt ganz davon ab, ob der Vater sein Kind von Anfang an berührt oder nicht. Er kann als privilegierte Person betrachtet werden, die das

Kind liebt, oder als indifferente Person, die nur die Mutter und geschäftliche Angelegenheiten liebt.

Nicht nur meine Mutter wuchs zu Beginn dieses Jahrhunderts unter Frauen auf und dachte, Väter kümmerten sich nicht um Kinder, sondern um wichtigere Dinge. Millionen Kinder liebten ihre Mutter und respektierten oder verfluchten ihren Vater, ohne je zu lernen, ihn ebenso zu lieben wie die Mutter. Zu ihnen gehören jene Forscher – Psychologen, Verhaltensforscher, Psychoanalytiker –, denen es heute so schwerfällt, dem Vater einen anderen Stellenwert einzuräumen als den, den sie schon immer kannten.

Kapitel 4

Lieber Ödipus...

Psychoanalytiker, Soziologen und Verhaltensforscher haben zu meiner großen Verwunderung fast alle eine Befürchtung: Der Mann könne, wenn er seine Vateraufgaben erfüllt, der Mutter ähnlich und zur Frau werden! Dies wäre allerdings entsetzlich. Vom Apostel Paulus im 1. Jahrhundert vor Christus bis zu dem heute lebenden amerikanischen Psychoanalytiker Robert Stoller gehen die Mahnungen immer in dieselbe Richtung: Männer, hütet euch, euch wie Frauen zu betragen! Deswegen löst Homosexualität auch immer solche Abscheu aus. Deshalb haben alle Mitleid mit Männern, die Erziehungsurlaub nehmen, um ihr Kind zu versorgen, daher rührt auch die ständige Feindseligkeit gegenüber Frauen, die dieselben Diplome und Fähigkeiten wie Männer haben und die gleichen Positionen in Unternehmen anstreben.

Die Männer haben es sich schnell abgewöhnt, den Frauen mit der Höflichkeit und dem Respekt zu begegnen, die sie ihrer Mutter entgegenbrachten – sie gewöhnen sich allerdings immer noch nicht daran, daß die

Frauen in leitenden Stellungen sitzen. Frauen sind den Männern immer noch nicht gleichgestellt, obwohl es seit zwanzig Jahren eine Frauenbewegung gibt. Trotz verschiedener Gleichstellungs- und Antidiskriminierungsgesetze erhalten Frauen immer noch nicht denselben Lohn und dieselbe Verantwortung wie Männer gleichen Alters.

Welche unbeglichene Rechnung mit den Frauen läßt die Männer so frauenfeindlich sein? Wovor schützen sich die Männer, wenn sie sich so gegen ein Zusammenleben mit den Frauen wehren, an anderer Stelle als im Bett, wo sie ihrer Vorteile sicher sein können?

Die Männer versuchen noch immer – in verschiedener Form und mit von ihnen erdachten und beschlossenen Gesetzen –, die Frau unbewußt anderswo zu plazieren als dort, wo sie selbst sind und die Macht haben. Wird die Frau als Feindin der Macht der Männer angesehen? Es gibt so etwas wie einen allgemeinen männlichen Konsens, die Frau dafür, daß sie Mutter ist, teuer bezahlen zu lassen. Geheime Zurückweisungen gegen jene, die über den Mann, als er jung war, Macht ausgeübt haben? Sie hatten die Macht und sollen keine andere erhalten!

So sehen es jedenfalls Frauen, die versuchen, ihr Arbeitsleben mit der Versorgung ihrer Kinder zu vereinbaren.

All jene, die den Mann-Vater erforscht oder über ihn geschrieben haben, suchten die Vaterrolle von der der Mutter zu unterscheiden; einige gingen sogar so weit, daß sie den imaginären idealen Vater erfanden oder ihn zum Mutterersatz erklärten: Wenn ein Mann zärtlich mit seinem Kind umgeht oder es füttert, »ersetzt« er die

Mutter und wird zum »Mutter-Vater«. Er kann und darf auf keinen Fall mit der allmächtigen Frau-Mutter konkurrieren, die ihn mit Sicherheit an eine andere Frau erinnert, die in seiner Kindheit so geliebt und später grausam zurückgewiesen wurde.

Der amerikanische Psychoanalytiker Stoller schreibt: »Es ist die erste Pflicht eines Mannes, keine Frau zu sein.«[1] Das Männliche wird hier definiert als das nicht Weibliche. Dies ist eine einschränkende und antimütterliche Definition, die aus der *Identifizierung des Mannes eine Antiidentifizierung hinsichtlich der Frau* macht: Der Mann entwickelt sich nicht gemäß einem männlichen Muster, sondern gemäß der Vermeidung des weiblichen. »Selbst weit verdrängt verhext die mütterliche Symbiose das männliche Unbewußte.«[2]

Hier sind Relikte der Ödipusgeschichte des Mannes mit seiner Mutter am Werk. Der amerikanische Schriftsteller Philip Roth bringt dies nur zu klar zum Ausdruck: »Nein zu seiner Mutter sagen, um nein zu den anderen Frauen sagen zu können.«[3] Man sollte den Satz umkehren und sagen: Den anderen Frauen nein sagen, um (weiterhin) der Mutter nein zu sagen.

Hier wird die Beziehung des kleinen Jungen zu seiner ödipalen Mutter in Frage gestellt. Das Kind muß sich, wenn es zum Subjekt werden will, gegen den Erwachsenen erheben, als dessen Objekt er sich fühlt. Wenn dieser Erwachsene eine Frau ist, bedeutet dies für das Kind die Abwehr jeder Frau und im Erwachsenenalter die Vermeidung jeder Situation, in welcher der Mann sich als »Objekt« der Frau fühlt. An dieser Stelle muß man unweigerlich an die Verwirrung mancher Männer denken, wenn Frauen den Wunsch äußern, sie zu ihrem Liebesobjekt zu machen. Die meisten Impotenten oder Männer, die vorzeitige Ejakulationen haben, können dem vermuteten Verlangen der Frau nicht begegnen. Ihre Phantasmen drehen sich oft um Unterwerfung und Schweigen ihres Partners – ein Schweigen, das mit dem Tod vergleichbar ist.[4]

Hier liegt eine Ursache für die Zunahme von Vergewaltigungen und anderen Gewalttätigkeiten gegenüber Frauen. Sie nehmen im Kopf des Mannes ungerechterweise den Platz der ödipalen Mutter ein, die der kleine Junge nie anzugreifen wagte. Es können nicht alle wie Orest die Frau töten, die den Vater vom Leben des Kindes ferngehalten hat.

Das Problem der Familie mit einem Elternteil, über das man am wenigsten spricht, hat später im unbewußten Leben des Kindes schwere Folgen: Weder Sohn noch Tochter können gegenüber einer alleinstehenden, liebenden Frau so aggressiv sein, wie sie es brauchten, denn dann würden sie ja den einzigen Rückhalt verlieren, den sie auf der Welt haben; zugleich würden sie schuldig, diejenige zu verletzen, die ihnen soviel Liebe entgegenbringt. Ihre natürliche Aggressivität gegen Autorität wird auf gefährliche Weise verdrängt, bis sie an einem ganz anderen Ort und gegenüber einem anderen Gesetz als dem der Mutter nach außen dringt. Eine Tat in der Öffentlichkeit, ein heftiger Angriff gegen eine mächtige Institution, eine Schule oder eine Polizeidienststelle, gegen jeden Ort, der das Sozialleben repräsentiert, das durch die Gesetze der Erwachsenen geregelt wird.

Ebenso verhält es sich mit dem Drogenabhängigen,

der sich weigert, seine Aggressivität zu leben, und lieber in künstliche Paradiese flüchtet, in denen es keine Mutter zu geben scheint. In Wahrheit vollzieht dieser Mensch eine Rückentwicklung und kehrt zu einer kosmischen symbiontischen Mutter zurück, außerhalb derer er unmöglich leben kann. Der Entzug ist hart, denn er bedeutet, erwachsen zu werden und Einsamkeit zu ertragen.

Die Mutter ist um so gefährlicher, als sie von Natur aus ödipal ist und ihrem Kind allein gegenübersteht. Was ist eine ödipale Mutter? Eine Frau, die in dem sexuellen Unterschied zu ihrem männlichen Kind Erfüllung findet: Die Kastration, nur Frau zu sein, scheint durch den kleinen Jungen aufgehoben, der besitzt, was ihr selbst fehlte. Dieselbe Frau verspürte gegenüber einer Tochter ganz andere unbewußte Empfindungen. Diese »verdoppelt« sie, »beginnt sie von neuem« oder »setzt sie fort«, kann aber zu keiner Zeit die Kastration der Mutter ausgleichen.

Um das Fehlen eines Elternteils wettzumachen, muß man vom anderen Geschlecht sein: Der Junge gibt der Mutter Erfüllung, das Mädchen »vervollständigt« den Vater. Der Ödipus ist das Gefühl einer idealen Vervollkommnung, die zwischen einem Elternteil und dem Kind vom anderen Geschlecht entsteht, denn sie sind von gleicher Rasse und besitzen zusammen alles vom Geschlecht. Das vermittelt dem ödipalen Elternteil den Eindruck, es bilde mit seinem Kind das berühmte »Ganze«, das Lacan bezüglich der Frau äußert. Damit wollte er aber nur darauf hinweisen, daß sie gerade nicht »ganz« ist und nicht glauben soll, sie hätte erreicht, was der

Mann nie erlangen kann: die Bisexualität jener, die ihr eigenes Anderssein hervorgebracht hat.

Dennoch dauert jenes berühmte *Ganze*, das nur in den ersten Monaten des Zusammenlebens von Mutter und Sohn bestehen sollte, mit einer Mutter, die darin alles das wiederfindet, was sie sich an Liebe von seiten eines Mannes gewünscht hat, meist viel länger. Sie findet hier Liebe ohne Vorbehalt mit ihrem »kleinen Jungen«, wie sie ihn selbst oft nennt, ohne sich darüber klar zu sein, daß es geschehen kann, daß sich ihr Junge, um ihr »Kleiner« zu bleiben, weigert, groß zu werden, sich weiterzuentwickeln, und über die vorgesehene Zeit hinaus im Nirwana mit seiner Mutter verharrt. Schwierigkeiten und Zurückbleiben in der Schule findet man im wesentlichen bei Jungen, die wenig Eile haben, zur Schar der Männer und ihres Vaters zu gehören, der keine wichtige Rolle in ihrem Leben zu spielen scheint (nur 5 Prozent der jungen Väter sind bereit, ihr Leben zu ändern, um sich wirklich mit ihren Kindern zu beschäftigen).

Der ödipale Elternteil verfällt also unbewußt als erster dem Komplex – wegen seines eigenen Geschlechts und des Geschlechts des Kindes. Dies erklärt, weshalb manchmal Eltern während der Schwangerschaft das Geschlecht ihres Kindes nicht erfahren wollen. Irgendwo ahnen sie, daß es ihnen nicht gleichgültig sein kann, weder dem einen noch dem anderen, und so wollen sie lieber ein »imaginäres« Kind haben, das wie der Vater oder wie die Mutter sein kann und in ihren Phantasien kein genau bestimmtes Geschlecht hat. So wird ein vollkommenes Kind erwartet, das dem Gesetz der Kastration entrinnt, dem Unterschied, der alle Menschen trifft.

Wenn man Eltern die Möglichkeit gibt, das Geschlecht ihres Babys im voraus zu wissen, können ihre ödipalen Gefühle gegenüber dem Kind früher einsetzen. Viele Eltern fürchten, dieses Wissen könnte sie voneinander trennen, nachdem sie bisher in aller Gemeinsamkeit auf ihr Kind gewartet haben, das sie beide in unbestimmter Form repräsentiert: das Baby, in unserer Sprache neutralen Geschlechts.

Der Traum des »imaginären« Kindes kann dauern, bis es das Wort des Arztes an das eine oder andere Geschlecht bindet und damit in die Realität stürzt, die Wirklichkeit der Kastration, jenes Gesetz, dem die Menschen am wenigsten entrinnen können. Jeder besitzt nur ein Geschlecht oder nur eine Geschlechtshälfte, je nachdem, ob man sich an den Mythos des Aristophanes und die von Platon im *Gastmahl* wiederaufgenommene Vorstellung vom androgynen Wesen hält oder nicht.

Kastration des Subjekts bedeutet nicht, zu »verlieren«, sondern »nicht zu haben«. Wenn ein Kind mit etwa achtzehn Monaten feststellt, daß es zwei verschiedene Geschlechter gibt, wird bei ihm eine starke Frustration-Kastration hervorgerufen: Wenn es ein Geschlecht hat, muß es auf das andere verzichten, das macht es unglücklich, und es scheint durch seine Fragen jedem und vor allem sich selbst das »Ganze«, das es zu haben schien, zurückgeben zu wollen. Die von den Eltern anerkannte Kastration orientiert das Kind auf den Elternteil, der dem andern Geschlecht angehört. Vom »passiven Objekt« im Ödipus mit dem gegengeschlechtlichen Elternteil wird das Kind zum »aktiven Subjekt« und versucht das zu erreichen, von dem es jetzt weiß, daß es ihm fehlt. Lange hatte es sich vorgestellt, wie Freud[5] schrieb, daß jeder nach demselben Modell gemacht ist. Der kleine Junge ist ebenso unglücklich darüber, daß er nie die Brust und den Uterus einer Frau haben wird, wie das kleine Mädchen, das begreift, daß ihr das »Ding« niemals wachsen wird. In dieser Phase braucht man die Unterstützung des Elternteils vom eigenen Geschlecht; er ist Garant dafür, daß die Kastration innerhalb des Paars, in dem der andere besitzt, was ihm fehlt, vollzogen wird, so daß er wieder das »Ganze« haben kann. Wenn das Kind vom Elternteil des gleichen Geschlechts nicht jene homosensuelle[6] Verstärkung erhält, wird es darum bitten, den ödipalen Elternteil heiraten zu dürfen, und glauben, dies sei eine ideale Lösung, durch die es immer mit seinem Unterschied zusammenbleiben kann. Aber das Inzestverbot vermeidet, daß der Fluß zur Quelle zurückfließt und das Kind an seinen Ursprung zurückkehrt. Die Eltern weisen seinen Wunsch zurück, und so muß das Kind andere Träume finden, die von der Gesellschaft nicht verboten sind: Der Junge erklärt, er werde eine andere Frau heiraten, wenn er groß sei. Das Mädchen sagt, es wolle später einen Mann und viele Kinder haben. Dies ist der Ausweg aus dem Ödipus, der bei jedem Kind mehr oder weniger einfach vollzogen wird, je nachdem, wie stark der unbewußte Beistand des einen oder anderen Elternteils ist.

Wenn das Kind seine familiäre ödipale Fixierung aufgegeben hat, ist es frei für neue Liebesbeziehungen. Diese können bereichernd sein, wenn sie gegengeschlechtlich sind, und dem Kind das geben, was ihm – wie es weiß – fehlt. Heterosensuelle Liebe zwischen Jungen und Mädchen gibt es bereits im Kindergarten. Gleichgeschlechtliche Beziehungen verleihen Selbstsicherheit: Freundschaften zwischen Kindern desselben Geschlechts sind Ausdruck dafür, daß Homosensualität Kraft gibt. Man weiß sich »gleich« und ist frei, Streifzüge in die Welt der anderen zu machen, um mehr über das zu erfahren, was man selbst nicht hat. Sexuelle Spiele unter Kindern als Doktor- oder Vater-Mutter-Spiele sind Teil der ödipalen Neugier, die wir alle kennengelernt haben. Ein homosensuelles Identitätsgefühl ist also die Grundlage für ein soziales und freundschaftliches Leben zwischen Individuen desselben Geschlechts. Heterosexuelle Liebe beruht auf dem vergangenen Traum, den ödipalen Elternteil zu heiraten, und auf dem Wunsch, ein Paar neu zu schaffen, in dem das im Ödipus gelebte ursprüngliche »Ganze« wieder gebildet wird.

Es ist interessant, daß die erste Liebe der Jugendlichen sehr absolut oder extrem ist und schon recht früh erfahren wird, wenn das Elternpaar nicht genug Rückhalt bietet oder gar nicht existiert.

Der männliche Ödipus

Wenn sie die Zweiheit mit ihrer Mutter verlassen, die etwa sechs Monate dauert, beginnen die meisten kleinen Jungen mit ihr eine ödipale Liebesbeziehung, die die Umgebung amüsiert. Kein Mann ist mehr verliebt in die Mutter als dieser kleine Junge, der glaubt, sie gehöre ihm ganz allein – schließlich ist sie seine Mutter. Er scheint alles zu ignorieren, was sonst noch mit dieser Mutter zu tun hat, und denkt nicht an das, was sie trennen wird. Deshalb ist er sehr erstaunt, wenn er durch eine offene Tür oder bei einem Familienbad feststellt, daß sie nicht gebaut ist wie er. So fragt er sie gleich, ob sie später »einen« kriegt oder ihn verloren hat und ob er bald eine Brust bekommt.

Die Antwort der Mutter schlägt zu wie ein Fallbeil. Sie werden nie gleich sein – er ist also nicht wie sie, die er so sehr liebt; der Unterschied zwischen ihnen ist endgültig und unabänderlich: die Kastration dessen, was man nicht hat, und dessen, was man nie haben wird.

Es scheint diesem Sohn unmöglich, auf sein Liebesobjekt zu verzichten, so schlägt es, ohne zu wissen, worauf es sich einläßt, seiner Mutter vor, ihn zu heiraten, wenn er groß ist. Er versucht so, ihr natürliches Gegenstück zu sein, wie er es seit seiner Geburt war. Da aber wartet eine weitere Enttäuschung auf ihn. Er stößt auf den Widerstand des Gesetzes, auf dem die menschliche Gesellschaft beruht: Die Mutter oder den Vater zu heiraten widerspricht dem »Inzestverbot«, und die Mutter weist den Vorschlag des Sohnes im Namen dieses Gesetzes zurück. Was bedeutet ihr eine Hochzeit mit dem, dessen fleischliche Existenz sie monatelang geteilt hat? Sind sie nicht im Grunde ihres Herzens für immer zusammen?

So, wie die Mutter unbewußt für ihren Sohn empfindet, wird sie seinen Plan verhindern. Meistens verweist sie auf den Vater, mit dem sie bereits verheiratet sei, und in den meisten Fällen erfährt das Kind plötzlich, daß es schon einen anderen Mann im Leben seiner Mutter gibt.

Man könnte glauben, daß dieser bisher nicht besonders störend war, wenn der Sohn so lange braucht, bis er sich über seine Existenz im Leben der Mutter klar wird; man könnte meinen, daß der Vater auch nicht besonders große Bedeutung im Leben seines Sohnes hatte und keine homosensuelle Beziehung zwischen ihnen entstanden ist. Sonst hätte sich der Sohn, als er den Unterschied zu seiner Mutter feststellte, auch an ihn wenden können. Aber wenn es keine Körperbeziehung zwischen ihnen gab, warum sollte das Kind dann mit ihm über so intime Dinge wie das Geschlecht reden? Wie viele Väter sind bereit, mit ihrem Kind über solche Dinge zu sprechen? Sie wissen nicht, daß all das, was bei einem Kind von zwanzig Monaten nur einer kleinen Anstrengung bedarf, beim Jugendlichen unmöglich geworden ist.

So wird der Vater, oft ein Fremder angesichts der Urzweiheit von Mutter und Kind, zum störenden Eindringling, zu einem Rivalen, der den begehrten Platz besetzt. Das Kind wünscht sich, daß er verschwinden möge, und in seinen geheimsten Träumen wünscht es sogar seinen Tod. Die Abweisung des Vaters durch das Kind ist eine Antwort auf die Weigerung des Vaters, gleich nach der Geburt am Leben des Kindes teilzunehmen und zur Dreiheit zu gehören. Statt dessen überließ er es allein der Mutter.

Diese beiden Schritte von Vater und Sohn entsprechen einander und sind Grundlage der gefühlsmäßigen Distanz, welche ihre Beziehung kennzeichnet. Alles geht von ihrer Liebe zu derselben Frau aus, die als Brükke, Verbindung, Briefkasten dient. »Deine Mutter hat beschlossen«, so sagt der Vater, »Mama hat gesagt« der Sohn. Die Mutter verbindet beide miteinander, so sagen und wünschen es die Psychoanalytiker. Vater und Sohn werden, weil sie am Anfang keine direkte Verbindung zueinander haben, auch später nie vertrauensvoll kommunizieren. Sie begnügen sich damit, einander im selben Haus zu begegnen, in der Umgebung derselben Frau, denn der Vater ist der Satellit der Worte der Mutter. Er wird seinem Sohn nichts mehr bedeuten, wenn er seiner Frau nichts mehr bedeutet. Ein seltsamer Vaterbegriff, bei dem, wie wir weiter oben gesehen haben, die Vaterschaft ganz von den Wünschen der Mutter abhängt. So kann die Frau mit einer Bewegung ihres Zauberstabs und durch ein einziges Wort den Vater zunichte machen (mit Zustimmung des Gesetzes, das nur eine Urfixierung des Kindes auf die Mutter anerkennt).

So kann es dem Vater eigentlich nicht gleichgültig sein, den Sohn allein der Mutter zu überlassen, sei es in einer Ehe oder bei einer Scheidung, denn selbst die beste aller Mütter ist zuerst dem Gesetz des Unbewußten unterworfen und kann nicht verhindern, daß ihr ödipaler Sohn in den Irrgarten ihrer eigenen leidgeprägten Liebesgeschichte mit ihrem Vater hineingezogen wird.

Der männliche Ödipus ist eine infantile Fixierung auf die Mutter, die allgemein anerkannt ist, so daß in vielen Stämmen Initiationsriten eingerichtet wurden, die nichts anderes zum Ziel haben, als den Knaben von seiner Mutter zu trennen und in die Gesellschaft der Männer einzuführen, in der er künftig seinen Platz einnimmt, weitab von seiner Mutter und den Schwestern.

Manche solcher Riten werden durch die Beschneidung symbolisiert oder durch ein Zeichen, das auf dem Glied des kleinen Jungen angebracht wird. Es genügt nicht, daß der Junge als männlich geboren ist – er muß zusätzlich noch ein Zeichen tragen, das ihn als Angehörigen des Männerclans auszeichnet. Es reicht nicht, ein männliches Geschlechtsteil zu haben, um ein Mann zu sein – man muß von den anderen Männern angenommen und anerkannt werden, um endgültig der Gefahr zu entkommen, wie eine Frau zu sein. In der jüdischen Religion verhält es sich genauso, wie folgendes Gebet zeigt: »Danke, mein Gott, daß du mich nicht als Frau hast zur Welt kommen lassen.« Offenbar genügte hier das natürliche Geschlecht des Kindes nicht, damit ein männliches Kind zu Gott gehörte. Die Beschneidung wurde von einem Mann Gottes vorgenommen mit der Absicht, alle an das Bündnis Gottes mit dem Männlichen zu erinnern.

Warum sollte man sich solche am Geschlechtsteil vorzunehmenden Praktiken ausgedacht haben, wenn nicht im tiefsten Herzen des Mannes die nagende Furcht hauste, die Jungen könnten in den Händen der Mutter vergessen, daß sie Männer sind, oder – noch schlimmer – zu Frauen werden? Diese Rituale werden immer von Männern vorgenommen (Zauberern, Priestern oder Rabbinern), als glaubten die Männer, einen Jungen einer Frau anzuvertrauen sei gefährlich für seine Identität, wenn man nicht das männliche und nur für ein Geschlecht geltende Zeichen der Beschneidung einführt. Ist es wirklich so schwer, gegenüber einer Frau ein Mann zu bleiben?

Die männliche Homosexualität wirft ebendieses Problem auf. Hier kann ein Kind, ohne daß es aufhört, ein Mann zu sein, durch den Kontakt mit der Mutter »auch« zur Frau werden. Den Weg in die Homosexualität kann nur ein Junge gehen, der sich *mangels eines Vaters* und der Homosensualität mit ihm oder durch ein *Zuviel an Mutter* oder an Heterosensualität mit ihr mit dem identifiziert, der *wie die Mutter ist,* nämlich *anders als der Vater.*

Der Homosexuelle leidet unter der permanenten Nähe zur Mutter, die ihn derart vom Vater entfernt. Am schlimmsten ist es für ihn, daß die Mutter nie mit ihm über den »Unterschied« redet, der sie trennt, noch der Vater über die »Gleichheit«, die sie verbindet. So ist das Kind in eine Geschichte verstrickt, in der niemand wagt, ihm Klarheit über seine wirkliche sexuelle Zugehörigkeit zu verschaffen. Der Vater zieht sich aus einer Situation zurück, in der er erkennt, daß sein Sohn das Herz der Mutter vorzieht, und die Mutter gibt vor, es sei nichts Schlimmes dabei, da ja zwischen ihr und ihrem Sohn alles *rein* ist. Sie redet mit ihm nie über Sexualität und verhält sich, als könne das »zusätzliche Ding, das er hat«, in keiner Weise ihr gefühlsmäßiges Einvernehmen stören. Die ödipale Liebe achtet immer das Inzestgesetz auf seiten der Frauen, und das Geschlecht des Jungen wird in manchen Fällen als neutral angesehen! Neutral sein ist aber wohl das einzige, was ein Lebewesen nicht sein kann.

Dies stört den kleinen Jungen schon sehr früh in seinem Leben und macht aus ihm jemanden, der sich »anders« fühlt, denn dies ist wohl das erste Wort, das jedem Homosexuellen in den Sinn kommt, wenn er seinen seelischen Zustand beschreibt. Er trägt ein »Anderssein« in sich, aber er muß darüber Schweigen bewahren. Er will weder seine Mutter im Stich lassen noch seinen Vater zurückweisen und schweigt in der existentiellen Angst des »Wer bin ich?« Seine Kameraden scheinen derartige Probleme nicht zu haben, und so wagt er nicht, darüber mit ihnen zu sprechen. In der Pubertät können das »furchtbare Schweigen« und der »unaussprechliche Unterschied« verschwinden, weil der Jugendliche endlich jemandem begegnet ist, der ist wie er. Aber es ist ein Mann! Wer wirft den ersten Stein auf den, der wegen seines Andersseins zum Objekt seiner Mutter wurde und sich nun auf einen ihm »ähnlichen« Mann stürzt, um seine Sprache und seine Identität zu finden? Dies kann nur die Identität eines Außenseiters sein. Denn von dem Augenblick an, da ein Mann sich als Homosexueller bezeichnet, verrät er seine Mutter, weil er einen anderen Mann liebt, und erregt die Abscheu seines Vaters, der ihm die Männlichkeit abspricht. Weil er in sich das Verhältnis von männlichen und weiblichen Anteilen geregelt hat, wird er von den meisten Menschen abgelehnt. Sie sind aus der ödipalen Beziehung zu ihrer Mutter mehr oder weniger siegreich hervorgegangen und machen ihm den Vorwurf, sich nicht für die richtige Seite entschieden zu haben und zugleich männlich und weiblich sein zu wollen. Das bedeutet, die Kastration zu verweigern, die ein allgemein gültiges Gesetz vorschreibt. Der Homosexuelle versucht zu vermeiden, was niemand sonst vermeidet, er verläßt damit den Rahmen des Üblichen und übertritt das Gesetz, nach dem ein Mensch nur einem Geschlecht angehören kann. Deshalb spricht man

113

ihm das Recht ab, Kinder großzuziehen. Er verrät das erste der sozialen Prinzipien, die die Gesellschaft beherrschen: den Unterschied zwischen den Geschlechtern.

Die Heterosensualität mit der Mutter führt, wenn sie nicht durch die Homosensualität mit dem Vater ausgeglichen wird, in manchen Fällen zu einer Überlagerung der männlichen Identität und zu einer weiblichen Identifizierung. Mit einem Mann zu leben, der ebenso veranlagt ist, bedeutet, eine ebenso symbiontische Liebe zu leben wie mit der Mutter, die jedoch weniger beängstigend ist, weil der männliche Körper als männlich bewertet wird und der »unaussprechliche Unterschied«, den der Homosexuelle an sich bemerkte, aufhören kann. Die meisten Menschen begreifen nicht, wie schwer der Weg für den ist, der weder auf den Vater noch auf die Mutter verzichten konnte und schließlich beide verloren hat.

Der Homosexuelle lebt eine Männlichkeit, die keine Antiweiblichkeit ist. Er fühlt sich nicht wie die meisten Männer verpflichtet, auf das zu verzichten, was die Mutter ihm an Zartheit, Sanftheit und Weiblichkeit vermittelt hatte. Er hat sich nicht gezwungen, »keine Frau zu sein«, wie Stoller es nennt, sondern sich ganz im Gegenteil das Weibliche seiner Kindheit bewahrt, weil er seine Mutter nie verlassen und nie auf einen Vater zugehen mußte, mit dem er weder eine gemeinsame Geschichte erlebt noch Intimität erfahren hat. Der Homosexuelle braucht Frauen nicht zu hassen, um Männer zu lieben, und seine Freundschaften gründen eher auf der Gleichheit zwischen Männern als auf dem Unterschied zu den Frauen – mit einem Wort: Er ist das einzige Wesen, das nicht phallokratisch ist. Insofern ist er anders als die meisten Männer. Deren Solidarität basiert oft auf Frauenfeindlichkeit, und ihre Männlichkeit beruht darauf, daß sie nie mit einer Frau verglichen werden können, weder körperlich noch seelisch. Nie verlieren sie aus den Augen, daß es einen Unterschied zum ersten weiblichen Objekt, der Mutter, zu bewahren gilt.

Der Mann bindet sich, wie Freud sagte und André Green wiederholte, als Kind an das Urobjekt, die Mutter, und er wechselt das Objekt nicht mehr:

»Es ist nicht schwierig für den Knaben, zu diesem Ergebnis zu kommen: Seine Mutter war sein erstes Liebesobjekt, und sie bleibt es.«[7]

»Der Junge kann, wenn seine psychosexuelle Entwicklung zum Abschluß kommt, ein Objekt desselben Geschlechts wie das Urobjekt finden, das Mädchen hingegen muß ein Objekt vom anderen Geschlecht als dem der Mutter suchen.«[8]

Die Männer lieben im allgemeinen ihre Mutter weiter, auch wenn sie mit einer anderen Frau leben; der Homosexuelle jedoch hat seine Mutter dermaßen geliebt und liebt sie immer noch so sehr, daß er keine anderen Frauen mehr braucht ... Was ihm fehlt, ist der Vater als zweites wichtiges Objekt neben der Mutter – ein Vater, der sich mittels der Homosensualität um das Kind kümmert. »Du bist ein Mensch wie ich«, sagt das Unbewußte des Vaters, während das der Mutter sagt: »Du bist ein Mensch, der anders ist als ich, der aber trotzdem aus mir hervorgegangen ist.«

Die Identität des Kindes entsteht dadurch, daß es von einem seiner Eltern als anders empfunden wird und vom andern als gleich, und dies lange bevor ihm seine eigene Geschlechtlichkeit bewußt wird. Wenn es von beiden Eltern versorgt wird, spürt es, daß es sich ständig zwischen gleich und anders hin- und herbewegt. Dies ist für das Unbewußte so selbstverständlich, daß man beobachten konnte, daß Eltern den Körper eines Kindes vom gleichen Geschlecht viel unbefangener liebkosen als den des anderen. Mütter versuchen, den Schambereich ihrer Söhne zu meiden, ihre Töchter küssen sie mehr oder weniger überall.

Ein Vater fühlt sich wohler mit dem Körper seines Sohnes und die Mutter mit dem der Tochter, denn Homosensualität ist Teil des Lebens. »Die Eltern berühren eher die Sexualorgane des gleichgeschlechtlichen Kindes und weniger die des anderen.«[9] Männer, die sich, wenn sie einander begegnen, freundlich auf den Rücken klopfen, würden einander umarmen oder sich den Arm reichen, wenn sie nicht fürchteten, »wie Frauen« zu werden. Aber die Homosensualität der Männer ist verboten, weil sie zwischen Vater und Sohn nicht als natürlich gilt. Und *so tritt echte Homosexualität an die Stelle der kindlichen Homosensualität, die zwischen Vater und Sohn nie stattgefunden hat.*

Der Körper des Vaters ist für den Sohn ein Ort der Geborgenheit, selbst wenn viele Psychiater und Kinderärzte immer noch glauben, nur die Mutter könne ihrem Kind dieses Gefühl geben. Die Väter müssen mit ihren Söhnen den Körper wiedererobern, sie müssen die homosensuelle Beziehung zu ihnen erneuern, die seit Jahrhunderten zugunsten der Heterosensualität mit den Müttern verboten war. Scheinbar gibt es keine Kommunikation unter Männern, weil die Männer nie gelernt haben, mit ihrem Vater zu kommunizieren, und sich darauf versteifen, von denen verstanden zu werden (und die zu verstehen), die so anders sind als sie: Frauen!

Wie groß war meine Überraschung, als ich bei einer Untersuchung unter Jugendlichen[10] herausfand, daß sich Jungen ebenso wie Mädchen, wenn sie Probleme hatten, an ihre Mütter wandten. Keines der Kinder wandte sich vertraulich an den Vater. Dies bedeutet, daß der Mann vom kleinen Jungen bis zum Greis sein Leben lang von einem Gefühl der Einsamkeit durchdrungen sein kann und – weil er unbedingt mit dem Unterschied leben will – sich das Leben noch schwerer macht. Der Vater ist notwendig, um zu verhindern, daß sich sein Sohn nur auf Frauen fixiert und nur einen weiblichen Rückhalt besitzt, von dem er sich sein Leben lang zu distanzieren versucht.

Als die Männer den Ödipus mit der Mutter aufgaben, hörten sie auf zu reden. Sein Leben lang hat der Mann den Eindruck, wenn er vertraulich mit seiner Frau spricht, bedeute dies, sich der Mutter »auszuliefern« und damit eine kindliche Position gegenüber seiner Frau einzunehmen. So erklärt sich das Schweigen der Partner, über das die Frauen klagen. In Amerika entdeckt man gerade, daß die Männer so nicht weiterleben können: Sie ertragen es nicht länger, wegen der Frauen von ihren Gefühlen abgeschnitten und wegen der Männer ihrer Homosensualität beraubt zu werden. Man hat für sie Gruppentechniken unter Männern erdacht, wie die von Robert Blye, nur damit sie ihre Homosensualität entdecken können, damit sie aus ihrer Einsamkeit befreit werden. Man sieht sie heulen, weinen und sich mitten im Wald umarmen – die Natur ist schließlich eine Mutter, die im Gegensatz zur Gesellschaft alle Menschen, ob hetero- oder homosexuell, akzeptiert und in keiner Weise diskriminiert.

Befreien sich die Männer auch von ihrer archaischen Angst vor den Frauen und von der Distanz, die sie ihnen gegenüber haben müssen, wenn sie Wege zu einer männlichen Brüderlichkeit finden? Werden sie je die allmächtige Mutter vergessen, die ihre Kindheit beherrschte und in ihr Unbewußtes gedrungen ist? Werden die Männer nicht ebensowenig, wie es den Mädchen gelingen wird, ihre furchtbare Rivalin auszustechen, die Idee aufgeben, daß die Frauen in keiner Weise den gleichen Rang einnehmen wie sie oder sie gar überholen dürfen und daß man dies am einfachsten erreicht, wenn man ihnen radikal andere Stellungen und Rollen zuschreibt als den Männern? Wird nicht eben damit eine phallokratische Gesellschaft erhalten?

Der weibliche Ödipus

Wenn ich bezüglich der Entwicklung des Mädchens zur Frau nur einen Autor zitieren dürfte, so würde ich mich für den Psychoanalytiker André Green entscheiden, der mit einem kurzen Satz das Problem der Mädchen klar zum Ausdruck gebracht hat: »Man kann gar nicht genug auf die Tatsache hinweisen, daß die sexuelle Bestimmung des Mädchens und des Jungen erheblich voneinander abweichen. Während sich beide an ein

Urobjekt binden, muß das Mädchen ein Objekt finden, das ein anderes Geschlecht hat als die Mutter. Seine Entwicklung zwingt es, das Objekt zu wechseln (erster Schritt durch Substitution, an die Stelle der Mutter tritt der Vater), dann folgt die definitive Wahl des Objekts (zweiter Schritt: an die Stelle des Vaters tritt der Vaterersatz). Diese Eigenheit der weiblichen Entwicklung macht deutlich, welche Schwierigkeiten in der weiblichen Sexualität liegen.«[11]

In der Tat zeichnet sich die Entwicklung des Mädchens durch Objektwechsel aus. Das mütterliche Objekt schien nicht lange für ein Mädchen zu passen, das nicht das Glück hatte, in eine narzißtische ödipale Situation hineingeboren zu werden, wie sie der Junge erlebt. Während der Junge sein Leben mit Heterosensualität beginnt, begegnet dem Mädchen zu Anfang nur die Homosensualität mit der Mutter. Jahrelang wird sie ihr weit unterlegen sein: Ihr Mädchenkörper ähnelt in den ersten zwölf Jahren kaum dem einer Frau, und die Mutter, die dies als erste weiß, wird alles tun, um das, was die Natur bereitstellt, zu »verbessern«. Wenn das Mädchen noch keine Reize besitzt, gibt sie ihm welche. Kleine Mädchen und alte Frauen benutzen dazu Schmuckstücke – äußere Zeichen einer Weiblichkeit, die noch nicht da oder bereits vorüber ist. Die Mutter betrachtet ihre kleine Tochter als Spiegel ihrer selbst und wird sich bemühen, durch äußere Verführungskünste eine noch nicht sichtbare Weiblichkeit herauszustellen. Jede Mutter bietet ihrer Tochter drei Dinge an: Liebe (die sie garantiert), Schönheit (um die sie sich kümmert) und Weiblichkeit (zu der sie ihr den Weg weist). Man kann nicht behaupten, das kleine Mädchen werde von der Mutter weniger geliebt als der kleine Junge – es ist eine andere Liebe. Während der Junge geliebt wird als das, was er *ist*, liebt die Mutter das Mädchen als das, *was es sein wird*.

Die unbewußten Gefühle einer Mutter gegenüber ihrer Tochter sind nicht ödipal, da das Mädchen ihr nicht bietet, was ihr an Sexualität fehlt, es handelt sich nicht um »Vervollkommnung«, sondern um »Neubeginn«. Wenn ihr Vater sich nicht direkt um sie kümmert, wird ihr Körper nicht anerkannt und nicht heterosensuell berührt, so daß sie präödipal neutral bleibt: ein Liebesobjekt, aber kein Objekt sinnlichen Begehrens.

Das kleine Mädchen wird mit der Person gleichgesetzt, der gelingen soll, woran die Mutter gescheitert ist. Eine Frau hat es schwer, sich nicht zu wünschen, das Kind, das aus ihr hervorgegangen ist, solle es besser haben als sie. Und sie glaubt, sie könne dazu beitragen, diese Bestimmung zu realisieren. Die Psychoanalyse lehrt uns jedoch, daß Identität nur in dem Maß entsteht, in dem sich das Subjekt zwischen Gleichheit und Unterschied einrichten kann: Ein Mädchen, das zur Welt kommt und bereits von seiner Mutter als ihr ähnlich imaginiert wurde, ist nicht zu beneiden. Es muß den Wünschen der Mutter entsprechen, oder es widersetzt sich ihnen, weigert sich, den Erwartungen der anderen Frau zu entsprechen, und geht den Weg des Widerstands.

Bei manchen Mädchen kommt ihre grundlegende Opposition durch beängstigende Magersucht zum Ausdruck; strikt weigern sie sich, das zu werden, was ihre

Mütter wollen. Man kann auch jene verstehen, die sich weigern, dem mütterlichen Wunsch nach Weiblichkeit zu folgen, und zu Hybriden werden, die man »halbe Jungen« nennt. Sie wollen keineswegs Jungen sein, sondern weigern sich bloß, wie Mädchen zu spielen und »Objekte« ihrer Mütter zu werden. Sie schwanken zwischen männlich und weiblich hin und her. Später gehen manche von ihnen den Weg der Homosexualität, wo sie andere finden, die rebellisch sind wie sie. Folgendes höre ich in meiner Praxis, wenn ehemalige kleine Mädchen zum Ausdruck bringen, wie leer sie sich fühlen, weil die Wünsche ihrer Mütter in ihnen hausen:

»Meine Mutter? Die habe ich immer nur enttäuscht, und zwar sehr; wie konnte sie mich lieben, wo alles, was ich tat, ihr mißfiel?«

»Falsch, alles war immer falsch an mir, weil ich nicht tat, was sie wollte.«

»Sie konnte mich nicht lieben, ich war so anders als ihre Erwartungen.«

»Ich sollte ihr Leben leben, sollte ihren Platz einnehmen und meinen aufgeben. Ich hatte keinen anderen Platz als den, den sie mir zuwies; da habe ich mich gegen sie gewandt, gegen alles, was sie sagte oder wollte, ich war ›schlecht‹ und habe Angst, daß ich es noch immer bin ...«

»Sie war enttäuscht, ich hörte nichts als das. Ich tat nicht, was sie wollte, also nie etwas Gutes.«

»Sie wollte mich für sich haben, allein für sich, und sie hat mir meinen Vater weggenommen und mich gehindert, ihm nahezukommen, mit ihm zu sprechem, ihn zu umarmen – immer kam sie dazwischen, als gäbe es nur sie . . . Heute ist mein Vater nur noch ein Fremder für mich; es ist, als hätte ich nie einen gehabt . . .«

Frauen tun ihren Töchtern das an, was ihre Mütter dreißig Jahre früher mit ihnen gemacht haben – mit bestem Gewissen und der heimlichen Hoffnung, die Töchter mögen glücklicher werden als sie. So machen sie ihre Tochter zur Gefangenen einer Beziehung, in der diese sich verpflichtet fühlt, den Wünschen der anderen zu entsprechen, weil sie sonst nicht mehr geliebt wird. Dies bleibt die allgemeine Angst der Frauen: nicht dem anderen entsprechen, nicht den Anforderungen, nicht der Mode. Die Frauen verharren in dieser Angst, und unsere Zeitungen sprechen immer nur von Möglichkeiten, sich dem anzupassen, was *gefällt*. Eine Frauenzeitung zu lesen ist ein schreckliches Erlebnis, man erkennt dabei, wie sehr die Frauen ihr Leben lang Gefangene des eingebildeten Zwangs bleiben, sich anzupassen und gefallen zu müssen, um *geliebt* zu werden.

Man hält sie für großzügig, ergeben und bewundert ihre Eigenschaften, anstatt zu erkennen, daß sich dahinter ein schlimmes Mißbehagen verbirgt: Sie haben unbewußt nur einen Platz: den, an dem sie von allen anerkannt werden. Wo würde sonst ihr Bestreben herkommen, allen Moden zu folgen? Warum erledigen sie so eifrig praktische Aufgaben, die sie gar nicht mögen, durch die sie bei anderen jedoch Gefallen finden können? Woher dieser Eifer, Mutter zu werden wie alle anderen Frauen?

Warum erklimmen nur so wenig Frauen die Zinnen der Politik, der Finanzwelt, der Kultur? Weil es auf verantwortlichen Posten schwer ist, sich für Dinge zu entscheiden, mit denen man allen gerecht wird. Frauen sind nicht gewohnt, mit Mißbilligung umzugehen, das entnarzisstert sie; wenn sie sich um Kinder und Erziehung kümmern, werden sie dagegen von allen geliebt. Die Wahl ist schnell getroffen.

Seltsamerweise lernt das kleine Mädchen bei der Mutter, wie man sich »anpaßt«, wie man »gefällt«, wie man die Mutter »verführt« – und mit drei oder vier Jahren auch den Vater, mit dem es eine Art von Liebe entdeckt, die sich nicht auf Tun oder Sagen stützt, sondern auf das »Frausein« des kleinen Mädchens. Sein Vater stellt sich ihm zur Verfügung, es beginnt einen kleinen Ödipus mit ihm, der seinem Körper Geborgenheit gibt. Sein Mädchenkörper gefällt dem Vater, der ihn als *anders als sich selbst anerkennt.* Drei Jahre an Bedingungen geknüpfte Liebe mit der Mutter, bevor die bedingungslose Liebe des Vaters entdeckt wird, drei Jahre beängstigender »Prä-Ödipus« vor diesem Geborgenheit schenkenden Ödipus – war das notwendig und unvermeidlich? Der von Unterwerfung und Opposition gezeichnete Weg läßt bei Mutter und Tochter einen bitteren Nachgeschmack zurück und erzeugt beim Mädchen die dauerhafte Neigung, sich mit der anderen Frau zu vergleichen. Wie soll man Frauen wie Schwestern lieben, wenn man am Anfang in der Liebe zu einer Frau immer unterlegen war? Eine Mutter ist für ihre Tochter das am meisten geliebte und gehaßte Objekt, weil sie für ihre Tochter zu allem bereit ist und an ihrer Stelle darüber entscheidet, was sie glücklich macht, und sie so jeglicher Autonomie hinsichtlich ihrer eigenen Wünsche beraubt.

Allein der Vater liebt die Tochter, wie sie *ist,* also

anders als er, und er kann sie mit einer Liebe lieben, die keine »Belohnung« erwartet. Seine Tochter nämlich kann ihn nur vervollständigen, aber nicht in seinem Leben als Mann »ersetzen«: Das Mädchen ist für den Mann, was er selbst nicht ist – jemand, dessen Weg er nicht kennt, weil er ihn nicht selbst gegangen ist. Er stellt seiner Tochter keine Bedingungen, um eine Frau zu werden. *Die ödipale Liebe des Vaters bedeutet für das Mädchen die Versicherung, frei zu sein – zu sein, was es jetzt »ist«.* Es ist eine narzißtische Liebe, durch die es mit sich selbst im reinen sein kann.

Von seiten der Mutter ist dies ganz anders. Ihre Liebe ist nicht frei vom »Identifikationstraum«; sie räumt ihrer Tochter eine Stelle ein, die nichts anderes ist als die, welche sie selbst gern gehabt hätte. Hierdurch besetzt sie die Zukunft ihres Kindes und versperrt ihm jeglichen Horizont, der über die mütterliche Erwartung hinausgeht. In einem Kreis von hundert Frauen, mit denen ich über ihre Beziehung zu den Müttern sprach, stand am Ende von hundert verschiedenen Geschichten eine Schlußfolgerung: »Jedenfalls haben uns unsere Mütter von Anfang an eingesperrt.«

Wie kann man ein Kind besser psychologisch gefangensetzen, als es in Phantasmen einzuschließen, die nicht seine eigenen sind? Jene Frauen, von denen manche ganz reizende Mütter hatten und andere furchtbare Megären, litten alle unter derselben Krankheit: *Ihre Mutter hatte sie in einer Geschichte gefangengehalten, die nicht die ihre war.*

Die Unzufriedenheit der Mutter, als sie klein war, empfindet auch die Tochter. Solange die Mütter aber nicht begreifen, daß ihnen der Vater gefehlt hat und auch ihre Töchter den Vater brauchen, wird sich dieser Teufelskreis von der Mutter zur Tochter und von der Tochter zur Enkeltochter weiter fortsetzen. *Eine Frau wird immer von der, die sie zur Welt gebracht hat, verlangen, das zu leben, was ihr selbst gefehlt hat:* Selbstzufriedenheit dank Ödipus. Die Mütter wissen offenbar nicht, daß die Selbstzufriedenheit (oder der Narzißmus) auf den Ödipus mit dem gegengeschlechtlichen Elternteil zurückgeht.

Der Narzißmus geht auf den Elternteil zurück, der sich, weil er vom anderen Geschlecht ist, nicht selbst in dem Kind sieht und deshalb nicht von ihm erwartet, daß es wird, was er selbst nicht geworden ist. Gefühle der Identifikation mit dem Kind findet man hingegen sowohl zwischen Vater und Sohn als auch zwischen Mutter und Tochter – sie gehören zur Elternliebe. Der Elternteil vom selben Geschlecht nimmt leicht den Platz des Kindes ein und belastet es mit einer Vergangenheit, die nicht seine ist. Deswegen braucht jedes Kind einen anderen ödipalen Elternteil, der sich gegensätzlich verhält. Er führt ihn auf den Weg der Zukunft. Der Elternteil des gleichen Geschlechts ist derjenige, durch den Identifikation zustande kommt oder nicht, und es scheint, daß die Mädchen einige Probleme mit dem Vorbild der Mutter haben, wenn diese einen zu großen Raum in ihrem Leben einnimmt.

In der bereits erwähnten Untersuchung an Jugendlichen wünschten sich 95 Prozent der Mädchen, ihrer Mutter nicht ähnlich zu sein; nur 50 Prozent der Jungen hingegen wollten nicht ihrem Vater ähnlich sein. Ist dies das Ergebnis der langen präödipalen Phase, in der das Mädchen keinerlei Distanz zu den Identifikationswünschen der Mutter finden konnte? Mädchen werden fast immer von ihren Müttern erzogen, weil alle glauben, dies sei natürlich; aber hat man je bei den Jungen ebenso gedacht, sind diese jemals drei Jahre nur mit ihren Vätern aufgewachsen? Man hätte feststellen können, wie die Söhne unter dem Gewicht der väterlichen Wünsche erdrückt worden wären. Aber seit jeher erleben Jungen die frühe Kindheit mit dem Elternteil, der gegenüber ihrer Identifikation keinen Zwang ausübt. Eine Mutter kann sich weder an die Stelle ihres Sohnes versetzen noch seine Zukunft besetzen, wie sie dies bei ihrer Tochter tut.

Die Tochter kann den Träumen ihrer Mutter nur in den Armen des Vaters entkommen, der sie liebt, weil sie anders ist. Sie *ist* für ihn eine richtige Frau. Für ein Mädchen ist die Liebe eines Vaters heilsam, weil es eine Liebe ist, die vom andern nicht erwartet, anders zu sein, als er ist. Der Vater kann seine Tochter aus dem Gefängnis der Mutter befreien. Was sagen die, denen der Vater dabei nicht geholfen hat?

»Mein Vater hat mich den Klauen meiner Mutter überlassen.«

»Ich glaube, es gefiel meiner Mutter, daß mein Vater uns nicht liebte. So hatte sie ihn ganz für sich.«

Ein kleines Mädchen, das durch eine Mutter, die alles an sich reißt, von ihrem Vater getrennt ist, wird immer vom Märchenprinzen träumen. Der Objektwechsel von der Mutter zum Vater findet mit drei oder vier Jahren statt, zu der Zeit, in der unsere Kinder Märchen mögen, in denen immer dieselben Geschichten erzählt werden.

Wir wissen, daß Märchen in der Kindheit eine große Rolle spielen, denn sie ersetzen das, was nicht wirklich gelebt werden kann. Die Vorliebe kleiner Mädchen für Märchen und später der Frauen für Romane beweist, daß im weiblichen Leben der Vater fehlt. Anstatt die Frauen als unzufrieden zu verunglimpfen, sollte man sich besser die Frage stellen, woher diese Unzufriedenheit kommt. Man würde bald herausfinden, daß sie aus der Frustration entstanden ist, keinen Vater gehabt zu haben, und zu einer Idealisierung des Mannes führt, die ihm den Rang eines Supererwachsenen einräumt, dem er nicht lange genügen kann.

Glücklicherweise gibt es die Schule, welche die zu einseitige Bindung der Tochter an die Mutter unterbricht. Die Begegnung mit anderen kleinen Mädchen bedeutet eine Öffnung zur echten Homosensualität, die zwischen Mutter und Tochter aufgrund der Unterschiedlichkeit ihrer Körper nie erlebt wird. Alle diese Mädchen haben den gleichen Körper und merken, daß sie für ihr Alter normal sind. Sie hören auf, den Blick auf die Weiblichkeit der Mutter zu richten. Hinsichtlich ihres Körpers sind sie beruhigt und beginnen nun, sich für das Wissen zu interessieren, mit dem sie ihre bislang von der Mutter dominierte Welt beherrschen können. Sie werden ausgezeichnete Schülerinnen, wenn die Mutter es akzeptiert, daß ihre Tochter sich nun mit anderen vergleicht als mit ihr und andere außer ihr gern hat.

In der Pubertät besteht die Gefahr, daß die Mädchen, wenn ihr Körper sich in den einer Frau verwandelt, wieder mit dem Problem, »wie« die Mutter zu sein, konfrontiert werden.

Die Pubertät tritt ein wie ein Donnerschlag aus heiterem Himmel. Man hätte meinen können, die Probleme zwischen Mutter und Tochter seien verschwunden; aber plötzlich wird das Mädchen durch die Umwandlung seines Körpers daran erinnert, daß ihr Körper wie der der Mutter wird. Früher war sie so neidisch darauf; das Verhalten der Mutter schien ihr so vorbildlich. So könnte man meinen, sie sei nun glücklich, sich ebenso verhalten zu können. Aber sie ist es nicht, denn seit Jahren hat sie das Problem körperlicher Unterlegenheit und mütterlicher Erwartungen verdrängt. Sie hat sich in Sublimierung geflüchtet: Durch die Schule und Freundschaften mit anderen Mädchen hat sie ihre Opposition gegen die Mutter ganz vergessen.

Der Wunsch der Mutter, ihre Tochter möge werden wie sie, ruft im Augenblick der Pubertät heimliche Opposition wach, denn die Mutter muß sich über diese Veränderung freuen. Die Jugendliche sucht deshalb Freundschaften mit anderen Mädchen ihres Alters und meidet die Begegnung mit einer Mutter, von der sie immer fürchtet, vereinnahmt zu werden.

In der Homosensualität mit Mädchen ihres Alters erfährt sie während der Pubertät das Sicherheit gebende Gefühl, zu sein wie die anderen und es auch sein zu wollen. Mädchen in der Pubertät, die sich als einander »ähnlich« erkennen, und zwar körperlich wie auch im Herzen, fühlen sich nur noch in der Gruppe wohl. Die erste Liebe der Mädchen ist homosensuell und manchmal homosexuell, so stark ist das Identifikationsbedürfnis,

um die Ungleichheit wettzumachen, die früher gegenüber der Mutter empfunden wurde. Diese Homosensualität ist unter Frauen auch weiterhin sehr stark,
obwohl ihre Schwesterlichkeit durch den unbewußten
Vergleich mit der präödipalen Mutter getrübt wird.

Das Bedürfnis, die unbewußte Rivalität zu verlassen,
führt das Mädchen schließlich zu jenem Jungen, der aus
ihr eine »einzigartige« Frau macht. So fragt das Mädchen: »Sag mal, bin ich nicht besser als alle anderen?«[12]
Der Junge antwortet auf diese Frage zufriedenstellend
oder gar nicht, weil er ihre Dringlichkeit nicht erkennt
und keine passenden Worte weiß. Das Bedürfnis, die
anderen zu übertreffen, gehört zu den Merkmalen der
Verliebten, die immer Angst hat, von einer Schöneren
überholt und vom Thron gestürzt zu werden. Hier finden wir die Spuren der Mutter, die so lange den Platz des
Mädchens einnahm, weil sie in ihr die eigenen Wunsch-
träume durchlebte. Die Märchen sind voller Rabenmüt-
ter und die Unterhaltungsromane voller Waisenkinder.
Ob sich die Frauen in ihnen wiedererkennen? Ist das
unbewußte Mutterbild vielleicht immer das einer bösen
Mutter? Gibt es nicht eine seltsame Parallele zwischen
folgenden Äußerungen von zwei Frauen?

»Meine Mutter wollte mich ganz für sich haben, sie
hat mir den Vater weggenommen, als habe sie ihn
gepachtet . . .«

»Diese Frau hat mich getötet, weil sie mir meinen
Mann weggenommen hat. Ich bin ihr böse; mit welchem
Recht eignet sie sich meinen Mann an?«

Die Frau, die ihre Liebe »verliert«, ist seltsamerweise
nicht dem Mann böse, sondern der Frau, als könne der

Mann nichts Schlechtes tun. Frauen werden immer als verführerischer gefürchtet. Sie hat ihn »um den Finger gewickelt«, hat ihn »ergattert«, heißt es dann, als sei ein Mann nichts als ein Objekt, um das sich Frauen streiten. Eine seltsame Einstellung, aus der deutlich hervorgeht, daß das Bild einer allmächtigen Mutter (oder Stiefmutter) tief ins Herz der Frauen eingeschrieben ist, während das Bild des Vaters, das sich im Zug des ödipalen Kriegs bildete, immer nur das eines zu jagenden und zu bewahrenden Objekts ist.

Dieser ödipale Krieg mit der Mutter hinterläßt bei den Frauen eine gewisse Form der Frauenfeindlichkeit, wie sie meistens Männern zuerkannt wird, obwohl es sie ebenso bei Frauen gibt. So findet sich *das weibliche Geschlecht, das in der Kindheit des Menschen den ersten Platz einnahm, auf dem untersten Platz in der Skala von Wert und Macht wieder.* Der Mann indessen hat sich sorgfältig aus der Situation herausgehalten und ist nicht Gegenstand von Ressentiments. Er nimmt den Platz des »Abwesenden« ein und hat nur Anspruch auf Gleichgültigkeit oder Idealisierung. Das kleine Mädchen kann sich in seinen Träumen als spätere Frau nicht weit vom Papa entfernen. Um so mehr Attribute schreibt sie ihrem späteren Mann zu, er hat alle Eigenschaften, die der Vater ihr gegenüber nicht zeigte: Zuneigung, Anerkennung, Worte etc. In seinen Armen ist sie endlich »klein«, »vertrauensvoll«, »geborgen«. Ein Mann muß viele gute Eigenschaften haben, um dem Liebes-Wunschbild der Frau zu entsprechen, zumal jene zumeist affektiven Eigenschaften nicht gerade typisch für den Mann sind, nach allem, was wir bezüglich der Überwindung des männlichen Ödipus festgestellt haben. Die Frauen sind im Eheleben unzufrieden, weil sie alles von ihm erwartet haben. In den meisten Fällen reichen sie die Scheidung ein, angeblich weil sie und ihr Mann nicht zusammenpassen. Dabei entgeht ihnen aber, daß sie von dem Mann verlangt haben, er solle eine Frau sein. Unmöglich für einen Mann, der vor allem mit seiner Mutter groß geworden ist.

Wie A. Green sagt, ist das Mädchen dazu ausersehen, das Liebesobjekt zu wechseln, weil das erste Objekt, die Mutter, es nur im präödipalen Zustand existieren lassen kann – dem einer unbefriedigten Homosensualität, deren Problem in dem Unterschied der Körper besteht und die von der Angst begleitet ist, keinen anderen Platz zu finden als den, den die Mutter vorher definiert hat:

»Sie wollte über mich Anerkennung finden. Ich mußte studieren, weil sie es nicht getan hatte«, sagte mir eine Patientin.

Freud verstand nicht, warum, »wann und wie das kleine Mädchen sich von der Mutter ablöst«; wir aber wissen sehr wohl, daß dies geschieht, weil die Mutter das Mädchen nicht zufriedenstellen kann, weder was seinen Körper noch was seine Identität betrifft. Wir wissen auch, daß das Mädchen, sobald es dies kann, sich dem bislang gleichgültigen Vater zuwendet, um ihn zu verführen und von ihm zu erhalten, was es von der Mutter nicht bekam: Anerkennung ohne Bedingungen.

Kann eine Tochter von drei Jahren glücklicher sein, als wenn sie ihrem Vater auf der Straße die Hand gibt und mit ihm am Samstagmorgen einkaufen geht? Es müßte jeden Tag Samstag sein. Wann hat ihr Vater sonst schon

Zeit, mit ihr durch die Straßen zu spazieren, so daß sie sich wie eine »wirkliche kleine Frau« fühlen kann, an der Seite eines Mannes, der ihr Anderssein anerkennt. Es ist erstaunlich, daß der ödipale Elternteil nichts zu sagen braucht. Allein seine Gegenwart bei dem Kind zeigt, daß sein Anderssein interessant für ihn ist – so wird die Identität des Kindes tausendmal mehr bekräftigt als durch den Vergleich mit dem Elternteil gleichen Geschlechts.

Man muß allerdings den Mut haben, den Satz »Ich liebe meine Tochter« zu denken, ohne sich für inzestuös zu halten. Bisher hatten nämlich allein die Frauen das Recht, solche tatsächlich inzestuösen Gedanken zu haben. Aber diese bleiben eben nur Gedanken, wenn es den Eltern gutgeht und sie ein erfülltes Sexualleben haben.

Die Vergewaltigung von Mädchen durch ihre Väter, von der so viel die Rede ist, findet nur statt, wenn der Vater unbewußt unreif geblieben ist und in seiner Frau keine ebenso unreife Partnerin gefunden hat. So träumt er von Sexualität mit Kindern – und warum nicht mit seiner Tochter? Das ist doch viel einfacher, als ein kleines Mädchen auf der Straße zu verführen! Es ist weniger gefährlich und soviel natürlicher – jedenfalls scheint es ihm so. Es ist ja nur der Beweis einer großen Liebe zwischen Vater und Tochter. Ein solcher Mann weiß auch, daß er mit dem Schuldgefühl und dem Schweigen des Mädchens rechnen kann, das seine Mutter nicht entehren will, indem es ihr den Platz streitig macht. Er nutzt ihre Angst, den Vater zu verlieren, der verbotene Dinge tut, da er sie immer vor der Mutter verheimlicht. Das kleine Mädchen kennt dieses Gefühl genau und schwört, der allmächtigen Mutter nichts zu verraten. Der inzestuöse Vater verhält sich nicht wie ein Erwachsener, sondern wie ein unglücklicher Mensch, dem kein Kind widerstehen kann.

So hüllt sich Schweigen um Taten, die unterbunden werden müßten und das Kind von der Rolle des Mädchens in die der Mutter versetzen: Ebendies wünschte es sich in seinen Phantasien, aber es war eben nur Phantasie . . .

Die Realisierung solcher Träume erschreckt das Kind, denn es »verliert« auf der Stelle seinen Vater, der kein Geborgenheit gebender Erwachsener mehr ist, sondern ein gefährlicher Mann. Das Mädchen verliert auch seine Mutter, denn es nimmt ihren Platz ein, ohne ihr etwas zu sagen. So ist es klein und groß zugleich, wird zur »Waisen«, ist »allein« in der eigenen Familie und traut keinem Erwachsenen mehr.

Ein Vater, der seine Tochter vergewaltigt, muß in einem bestimmten Zusammenhang gesehen werden. Nicht jeder Vater ist dazu in der Lage, wie manche Mütter glauben. Ein Vater, der seine Tochter versorgt, ist über ihre Nacktheit gerührt, aber er empfindet nicht das Verlangen, sie zu vergewaltigen, sondern Staunen und die heterosensuelle Freude, das andere Geschlecht zu sehen. Im übrigen gehört diese Freude immer zum Ödipus und entspricht einem Bedürfnis nach Vervollständigung des Körpers, das sich mit dem natürlichen väterlichen Gefühl vereint, sein Kind zu schützen.

Väter, die ihr Kind vergewaltigen, haben es nie versorgt und haben sich nicht für den Körper des Babys interessiert. Sie sind die ersten Fremden, und nur insofern können sie auf die Idee kommen, eine sexuelle Beziehung mit ihrem eigenen Kind einzugehen, dessen Körper ihnen unbekannt ist.

Die meisten Väter begnügen sich damit, ihre geliebte Tochter am Tag ihrer Hochzeit einem anderen Mann zu übergeben, der sie glücklich machen soll. Mit Müttern und Söhnen verhält es sich ebenso.

Der Inzest ist immer irgendwie präsent, da aber unsere Gesellschaft auf der Exogamie beruht, haben wir ein Tabu eingerichtet, das jede sexuelle Verbindung zwischen Familienmitgliedern untersagt. Dieses Gesetz macht aus Eltern – Männern und Frauen – Wesen, deren Verlangen *gegenüber ihren eigenen Kindern beschränkt ist*. Dies bedeutet nicht, daß es dieses Verlangen nicht gäbe, sondern daß es nicht in die Tat umgesetzt wird. Daher bildet sich im Kopf des Kindes der Gedanke, jemand anderen als einen seiner Eltern zu heiraten. So öffnet sich der Horizont, und es entsteht ein Verlangen nach anderen Partnern außerhalb der Familie.

Ebenso wie der Ödipus manchmal für den Jungen gefährlich wird, ihm aber Kraft gibt, weil er narzißtisch ist, kann er für eine Minderheit von Mädchen gefährlich werden; für die Mehrheit aber wirkt er aufbauend, weil er ihre Identität durch die Heterosexualität stärkt.

Die Liebesbeziehung zum Elternteil des anderen Geschlechts, die erste sublimierte Liebesbeziehung, gehört zu den unvergeßlichen Liebeserlebnissen und hindert das Individuum daran, unerfüllte infantile Wunschvorstellungen in eine erwachsene Liebe zu übertragen. Diese würde dadurch zu einer »Leidenschaft« von Romanhelden, nicht jedoch von wirklichen Partnern, auf die sich die Familie gründet. Frauen, die heute Wunschvorstellungen bezüglich ihrer Beziehungen haben, dort aber nicht finden, was sie seit ihrer frühen Kindheit erwarteten, haben mit ihrem Vater nichts »Gefühlsmäßiges« erlebt und übertragen ihren Liebeshunger von der Mutter auf den Liebhaber, der einer solchen Forderung nicht entsprechen kann. Dann verlassen die Frauen ihn, denn sie wollen, daß Männer voller Leidenschaft sind, so, wie es in der Beziehung zu ihrem Vater hätte sein sollen.

Was suchen sie in den Frauenzeitschriften? Wovon ist darin die Rede? Von Leidenschaft, Verführung und dem Wunschprinzen. Von allem, was kleine Mädchen bei ihrem Vater nicht erlebt haben und wovon sie als Erwachsene immer noch träumen. Sie lesen Liebesromane, deren Aufbau immer der gleiche ist: Ein junges Mädchen, Waisenkind oder von den Eltern verlassen, schlägt sich in untergeordneter Stellung durchs Leben; ein Mann, älter als sie, reich und mächtig, »bemerkt« sie und macht aus ihr eine »richtige« Frau.

Wie viele Patientinnen haben mir erzählt, daß sie jung geheiratet haben, um ihre Mutter, den Blick der Mutter und die Wünsche der Mutter hinter sich zu lassen und sich frei zu fühlen – an der Seite eines Mannes, von dem sie nicht einmal wußten, ob er sie liebt. Sie hatten sich alles erträumt, alles getan, damit sie endlich fortkonnten. Manchmal dauert der Traum nur kurze Zeit; aber die Analyse des Desasters dauert Jahre, in denen man sich weigert zu verstehen, daß man gegen die Mutter gehandelt hat anstatt für sich. Es ist so schwer zuzugeben, daß das Unbewußte von der Kindheit bis heute alles gesteuert hat und daß seit allzu langer Zeit zwischen der Mutter und dem Kind der Vater gefehlt hat.

Manchmal werfen sich junge Frauen von dreißig oder fünfunddreißig Jahren, die von einer ersten Ehe mit einem gleichaltrigen Mann enttäuscht sind, einem Sechzigjährigen in die Arme, der ihr Vater sein könnte und mit dem sie die große Liebe ihres Lebens erfahren. Im Bereich des Unbewußten ist es mit Sicherheit die vollkommene Liebe: Sie heiraten ihren Vater. Im sozialen Bereich ist so eine Heirat eher ungünstig, denn sie zwingt beide Partner, außerhalb ihres Alters und ihrer Generation zu leben. Nur die Phantasmen finden wirkliche Erfüllung. Solche leidenschaftlichen Beziehungen werden oft durch den Tod des Vater-Ehemanns beendet, und es bleibt eine Frau zurück, die um ihren Vater trauert und in Zukunft jede andere Ehe verweigern wird. Ein Mann, der eine viel jüngere Frau heiratet, fühlt sich im allgemeinen »geschmeichelt«, und man errät leicht, daß Gleichheit zwischen ihm und einer Frau ihn verunsichert und er lieber eine sehr junge Frau oder ein junges Mädchen dominiert.

Paare, die aus einem reifen Mann und einer sehr jungen Frau bestehen, gibt es immer häufiger. Es sind keine wirtschaftlichen Interessengemeinschaften mehr wie zu Zeiten Molières. Sie sind vielmehr das unbewußte Ergebnis der Wahl eines von einer Mutter aufgezogenen und deshalb von Angst vor Frauen durchdrungenen Mannes und einer ebenfalls von der Mutter aufgezogenen Frau, die immer noch den Vater sucht. Zu solchen Ergebnissen führt die Alleinerziehung durch Frauen: Alle fliehen vor der reifen oder intelligenten Frau, die an die Macht der Mutter erinnert.

Kommen wir auf die Frau zurück, die uns am häufigsten begegnet und die mit einem Mann zusammenlebt, der weder ein Wunschprinz noch ein ehrwürdiger Sechzigjähriger, noch ein Schwärmer ist, sondern ein sie liebender Mann. Er ist allerdings der Meinung, daß es Wichtigeres zu tun gibt, als die Vorzüge seiner Frau zu preisen, und läßt sie unbewußt in Gefühlsarmut leben, weil er an seine Mutter denkt. Die Frau versucht, ihren Mangel an Zärtlichkeit durch ein Kind auszugleichen, das zunächst in ihrem Bauch, dann in ihrem Arm liegt und lange in ihrer Nähe bleibt. Diese Frau beschließt, nie mehr allein zu sein, ein Kind zu haben, an das sie sich dann mit der ganzen Kraft des Ödipus hängt, wenn es ein Junge ist, und mit der ganzen Kraft der Identifikation, wenn es sich um ein Mädchen handelt. Sie gibt den Versuch auf, bei ihrem Mann eine erfüllte Liebe zu finden, und kehrt zur Heftigkeit der infantilen Liebe zurück, die sie nun auf seiten der Mutter lebt. Wußten Sie, daß man in China eine Frau »vollkommen« nennt, wenn sie einen Sohn geboren hat?

Die Frau entdeckt endlich die Homosensualität mit ihrer eigenen Mutter. Sie ahnt die Wege ihrer Mutter und wird sich dennoch weigern, die ihrer Tochter zu erkennen. Die beiden Frauen erweisen sich als identisch, dabei liegen zwanzig Jahre zwischen ihnen. Beide konnten nie die durch das Schweigen des Vaters oder des Ehemannes entstandene »Leere« ausgleichen, so wenden sie sich ihrem Kind zu und hoffen, daß es ohne sie nicht leben kann. Deshalb kämpfen sie so energisch dafür, den ersten Platz bei ihm einzunehmen, und sind bereit, den Vater auszuschließen. Sie konnten nicht in dem Maße

Frau sein, wie sie es wünschten, und beanspruchen nun, Mutter zu sein, so sehr es ihnen gefällt.

Was dies bedeutet, wollen wir im nächsten Kapitel untersuchen.

Kapitel 5

Der verhinderte Vater

Warum hat der Vater, der für Sohn und Tochter so wichtig ist, immer nur die Rolle eines Stellvertreters der Mutter? Warum nimmt nicht auch er ein paar Monate Erziehungsurlaub wie seine Frau? Warum hat er als »junger Vater« nicht das Recht, sich seine Arbeitszeit einzuteilen?

Weil die Väter dies nie gefordert haben. Solange seine Frau ihn nicht verläßt und die Kinder mitnimmt, *glaubt er nicht,* daß er gefühlsmäßig wichtig ist. Er nimmt von seinem Kind nur das, was seine Frau ihm zu geben bereit ist: Nichts respektiert ein Mann so sehr wie eine Mutter, und die großen Verteidiger der Mütter waren immer Männer – Politiker, die den Frauen Urlaub, Lohn oder Prämien anbieten, damit sie sich zu Hause um die Kinder kümmern. Seit zehn Jahren fordern (rechtsorientierte) Politiker, daß die Frau ihrem Kind diesen Tribut zahlt, daß Frauen Mutterdienste leisten sollen. Neulich hörte ich im Fernsehen an einem Tag zweimal den Vorschlag, man solle den Müttern Gehalt zahlen, einmal von Le Pen[1], einmal von Balladur[2]. Die-

se Herren denken natürlich nicht nur an das Wohlergehen der Kinder, sondern hoffen, auf diese Weise einen
Teil der arbeitsuchenden Frauen an den Herd zurück-
schicken zu können!

Als Psychoanalytikerin muß ich an die Folgen des Ver-
schwindens der Väter und der Allgegenwart der Mütter
denken. Es genügt nicht, ökonomisch zu denken und die
Arbeitslosigkeit zu verringern, indem man die Frauen
dafür bezahlt, daß sie zu Hause bleiben. Selbst mit
geringem psychologischen Wissen erkennt man, daß
solche Pläne aus den Kindern Objekte der Frauen
machen und ihre Erziehung zur Frauensache. Alles, was
wir im Lauf dieses Buches entdeckt haben, müßte
denen, die uns regieren, bekannt sein: Die Erziehung
der Kleinkinder durch die Frauen ist die Triebfeder der
Frauenfeindlichkeit. Der verlängerte Ödipus des Jungen
mit der Mutter führt zu Frauenfeindlichkeit der Männer; die Träume der Mutter bezüglich der Töchter hindern diese daran, entsprechend den eigenen Wünschen
zu leben: Sie können ihre Identität nicht finden, weil sie
im Gefängnis der Wünsche anderer sitzen. Sie sind erst
von ihrer Mutter abhängig, dann von ihrem Mann, sind
für immer gefangen in Verführung und Hysterie als einzig möglichen Lebensweisen.

Einer Psychoanalytikerin kann nicht gleichgültig sein,
was für Maßnahmen der Staat ergreift, wenn es um die
Stellung der Kinder im Sozialleben der Eltern geht, *denn
von dieser Stellung hängt ihre Möglichkeit ab, mit einem
der Eltern oder beiden eine unbewußte Beziehung zu
knüpfen, die zu Beginn des Lebens entsteht* und Vorbild
für alle affektiven Bindungen des weiteren Lebens ist.

Wir begreifen erst jetzt, daß seit 1970, als das Kind zum Gegenstand feministischer Forderungen und Gesetze wurde, die erste Generation ohne Vater entstanden ist. Indem allein den Wünschen der Mutter Raum gegeben wurde, haben wir aus diesen Kindern entweder verwöhnte Softies gemacht, die den Lebenskampf verweigern, oder gewalttätige und rachsüchtige Wesen, die ständig die Konfrontation mit anderen Autoritäten als der Mutter suchen.

Wir begreifen noch immer nicht, was für Erfahrungen unsere Kinder machen und was diese für ihr Leben bedeuten. Deshalb habe ich beschlossen, über ihr Bedürfnis zu reden, einen Vater zu haben.

Der durch die Mutter verhinderte Vater

Wenn ein Vater sein Kind allein ließ, übergab er es der Mutter und glaubte, er handele richtig. Die Mutter war schließlich nach der Legalisierung der Empfängnisverhütung und teilweisen Legalisierung des Schwangerschaftsabbruchs die Hauptverantwortliche für eine Empfängnis.

Von den ersten Schwangerschaftsmonaten bis zur Geburt scheint das Kind ein Privileg der Frau zu sein. Denkt nicht jeder Mann bei der Geburt, daß die Frau als Mutter einen natürlichen Vorrang vor dem Vater hat, der nichts von diesem Kind weiß und nichts besitzt, um ihm zu trinken zu geben?

So wird die Frau für das Kind zu einer durch niemanden zu ersetzenden Person, und ihrem Mann, und sei er noch so phallokratisch, bleibt nichts anderes übrig, als ihre Stellung als Mutter anzuerkennen. Diese Position, die von Geburt des Kindes an besteht, macht die Frau zu einer unangreifbaren Festung, von der sie in vielen Fällen sogar den Vater fernhält. Das einfachste Argument, um etwas abzulehnen, ist im allgemeinen der in sanftem Ton hervorgebrachte Satz: »Glaubst du, das können wir machen? Wir haben doch die Kinder!« Oder in heftigerer Form: »Und das sagst du mir, der Mutter der Kinder!« Die Frau hat somit eine Waffe in der Hand, vor der jeder Mann kapituliert.

Manche Frauen gehen noch weiter und machen aus ihren Kindern ihr Hauptanliegen, dem sie bereitwillig sehr viel opfern. »Nach allem, was ich für dich getan habe«, sagen manche Mütter ohne Zögern zu ihren erstaunten Kindern.

Das Kind glaubt nämlich, daß die Mutter das, was sie für es getan hat, gern tat, und damit hat es recht, denn sie erwartete von ihrem Opfer für das Kind Liebe und Anerkennung. Das Kind hat sehr wohl begriffen, daß es die Rechtfertigung für seine Mutter war, und im Namen ihres Bedürfnisses, sich als gute Mutter zu rechtfertigen, erlaubt es sich, seine Ansprüche höherzuschrauben.

Wenn wir die immense Bedeutung des Kindes für die Frau begreifen wollen, die sie manchmal für die Bedingungen blind macht, unter denen sie es empfängt, müssen wir zu der kleinen Tochter zurückkehren, die sie gegenüber ihrer Mutter war. Damals erkannte sie, daß sie die Weiblichkeitsmerkmale der Mutter nicht besaß: Ihr fehlten die Schamhaare, die Brust, die Kinder ernähren konnte, wie sie damals sehr bald lernte. Dann wurden ihr lauter Dinge geschenkt, die sie vergessen lassen sollten, das ihr etwas fehlte: Puppen, Fläschchen, Wickeltisch etc. So konnte das Mädchen die gleichen Dinge tun wie die Mutter. Die ganze Familie spielte mit ihm Komödie in dem Glauben, das gebe ihm Sicherheit und beweise, daß es bestens ausgestattet sei, sich später um Babys zu kümmern. Jahrelang spielte das kleine Mädchen Mutter und wartete heimlich darauf, es wirklich zu sein.

Im Unbewußten der Frau gilt Schwangerschaft immer als *Beweis weiblicher Identität*. Durch ihr Kind ist sie endlich wie die anderen Frauen (zu denen auch ihre Mutter gehört). Was das kleine Mädchen mit der Mutter nicht tun konnte, kann eine erwachsene Frau endlich tun. Sie ist eine Frau wie andere auch. Männer kennen dieses Bedürfnis der Frauen sehr wohl.

Deshalb sind Frauen, die keine Kinder haben können, furchtbar besorgt, anders als die anderen zu sein. Manche Frauen leisten sich gar den Luxus einer Schwangerschaft, die sie gar nicht durchhalten können und dann mit einer Abtreibung beenden, wobei sie angeblich alles dem Zufall überlassen. Dabei ist es keineswegs zufällig, wenn man die Pille oder das Kondom vergißt und einem gutgläubigen Mann sagt, man nehme Verhütungsmittel. Manchmal »stehlen« Frauen sogar einem Mann ein Kind, der weder Vater werden wollte, noch daß durch ihn irgendwo ein Kind ohne Vater lebt – ein Kind, das nicht ist wie andere.

Viele Frauen wollen sich nicht mit einem Vater belasten, dessen Bedeutung für das Kind sie nicht begriffen haben, und ebensowenig eine Beziehung mit einem

Mann eingehen, deren Tragweite ihnen durchaus bewußt ist. So gehen sie auf Zehenspitzen leise mit ihrem Kind fort. Es wird keinen Vater haben – jedenfalls nicht diesen.

So haben sie ein Kind, das ihnen allein gehört. Die Welt steht kopf. Vor zwanzig Jahren noch war es der Mann, der seiner Frau mitteilte, er wünsche sich ein Kind; heute trifft die Frau diesen Entschluß. Der Mann folgt seinem Kind, wenn seine Frau ihn nicht daran hindert.

Diese einseitige Entscheidung der Frau rührt von ihrem Wunsch her, das äußerste weibliche Vergnügen zu erleben, mit einem anderen menschlichen Wesen in Symbiose zu leben, das in ihr wohnt. Es ist sehr schwer, sich dieses Vergnügen zu versagen, diesen Beweis, diese einzigartige Chance, der menschlichen Einsamkeit zu entgehen. Vor allem, wenn man nie Liebe erfahren hat. Hier wird man sie finden, sagt man sich, dieses Kind wird man lieben. Scheint dies nicht wesentlich zu sein? Denkt sie an die Mühe, die sie haben wird, wenn sie eines Tages ihrem Kind erklären muß: »Du bist mein Wunschkind, den Vater brauchtest du nicht kennenzulernen.«? Wird das Kind dieses Paradox begreifen: »Du bist nur *mein* Kind, obwohl wir dich zu zweit gemacht haben.«? Ist es besser, zu erzählen, der Vater sei »geflohen« oder »habe nicht Vater sein wollen« – oder er »sei unfähig zu lieben«?[3]

Jede Antwort wird den Vater in den Augen des Kindes abwerten und damit einen Teil des Kindes selbst, das von einem Vater abstammt, der sein Kind nicht für wichtig genug hielt, um bei ihm zu bleiben und es zu lieben.

Was sollen jene Kinder, wenn sie groß sind, anderes tun, als mit allen Mitteln herauszufinden versuchen, wer ihr Vater ist, und zu erfahren, ob er sie hätte lieben könnten, wenn die Mutter es nicht untersagt hätte?

Wenn eine Frau ein Kind für sich allein haben will, gibt sie dem unbewußten Wunsch nach, ganz Frau zu sein. Wenn sie den Mann vor oder nach der Geburt des Kindes abweist (76 Prozent der Scheidungen werden von Frauen eingereicht[4]), dann weist sie den Menschen zurück, der ihrem Traum von einem Mann nicht entsprochen hat, nicht ihr Wunschprinz war und eigentlich alles besser machen sollte als der Vater.

Durch ihr Kind scheint die Frau zwei Probleme ihrer Kindheit regeln zu wollen: *das körperliche Anderssein im Vergleich zur Mutter und die mangelnde Beachtung durch den Vater.* So lebt sie allein mit ihrem Kind, nachdem sie den Zeugungsvater aufs Abstellgleis geschoben hat.

Kann das Kind seiner Mutter bei ihren Versuchen, die eigene Kindheit in Ordnung zu bringen, folgen? Wird es ohne weiteres den, von dem es stammt, ablehnen und mit der Mutter die Enttäuschung über einen Vater, den es kaum gesehen hat, teilen? Wird es von seinem Vater träumen, ihn bedauern oder sich wünschen, mit ihm zu leben? Dies darf es erst mit dreizehn Jahren, weil die Gerichte im allgemeinen jüngere Kinder der Mutter zusprechen. Die Frauen sind deshalb so leicht zur Scheidung entschlossen, weil sie sicher sein können, daß man sie nicht von ihren Kindern trennt.

Dies sieht wie die Rache der Frauen an den Männern aus, die ihnen jahrtausendelang weder im Sexualleben noch als Mütter irgendeine Wahl gelassen oder ihnen Freiheit gegönnt haben. Durch den Feminismus sind die Frauen zu den Oberhäuptern der Familien geworden, und sie sind offensichtlich nicht bereit, diese neue Macht in Frage zu stellen. Sozialarbeiterinnen unterstützen Anwältinnen, die bei Richterinnen Gehör finden. Wenn irgendwo von einem Kind die Rede ist, hat man immer das Gefühl, daß ein riesiger Frauenkonzern aktiv wird.

In der Sendung *Français, si vous parliez* vom 5. Januar 1993 sagte Evelyne Sullerot, daß zweieinhalb Millionen Kinder in Frankreich ohne Vater leben. Diese Zahl ist enorm hoch und ein Hinweis darauf, daß die Gesellschaft sich auf eine Alleinerzieherfamilie mit der Mutter als Oberhaupt zubewegt. Die Mutter wird zur Vater-Mutter, was zu werden sich der Mann so sehr fürchtet. Wollen Väter etwas gelten, so müssen sie sich wohlverhalten und vor allem der Mutter gefallen, die alle Macht in der Familie in den Händen hat. Innerhalb der Familie haben sich die Machtverhältnisse umgekehrt.

»Die Vaterschaft hängt gänzlich von der Mutter ab, von ihrem Willen und den Beziehungen, die sie zum Vater hat.«[5]

Solange das Zusammenleben eines Paars funktioniert, merkt man dies nicht, auch wenn die Mutter ihre Arbeit für acht oder zwölf Jahre unterbrochen hat. Sie hat den Vorteil, allein mit dem Kind zu leben und eine Symbiose mit ihm einzugehen, aus welcher der Vater ausgeschlossen ist. Sie arbeitet weniger oder muß jemanden finden, der das Kind um fünf Uhr aus der Krippe abholt. Ein Kind verändert das Leben des Vaters zwischen Wohnung, Arbeit und Weg zur Arbeit nur wenig, wohl aber das der Frau. Sie ist mehr mit ihrem Baby beschäftigt, das sie haben und versorgen wollte, als mit ihrem Beruf, und sie würde gern aufhören zu arbeiten, so gehetzt ist ihr Leben. Bei einem zweiten Kind wird es noch schlimmer, und beim dritten gibt sie fast immer die Arbeit auf und geht damit das Risiko ein, ihre Stelle nicht wiederzubekommen, wenn sie ihre Tätigkeit wiederaufnehmen will.

Deshalb werden Sie sagen, diese Frau hat sie wohl verdient, diese einzigartige Beziehung zwischen sich und ihrem Kind, sie hat schließlich viel mehr für das Kind getan als der Vater. Und es war nicht umsonst: Ihr Kind liebt sie ihr Leben lang. Mit dem Mann verhält es sich ganz anders. Natürlich hat er zu Hause auch ein wenig mitgemischt: hat Geschirr gespült, ist einkaufen gegangen, hat hier und da dem Baby die Flasche gegeben – aber er hat nie eine Stunde seines Berufs für das Kind geopfert.

Bei einer Scheidung wird das jeder anerkennen: Die Frau hat ihr Berufsleben geopfert, um die Liebe ihres Kindes zu erlangen; der Mann hat gar nichts geopfert, sein Kind liebt ihn nur im Zusammenhang mit der Mutter. So wird der Vater, der es nicht gewöhnt ist, sein Kind zu versorgen, nicht den Mut haben, das Sorgerecht zu beantragen. Das Gericht »verurteilt« den Vater zur Zahlung von Unterhalt für das Kind. Schreckliches Ende einer Vaterschaft. Als wäre der Vater kriminell, als hätte er ein Delikt begangen. Ihm wird vorgeworfen, mangels elterlicher Zusammenarbeit seiner Frau und seinem Kind geschadet zu haben, und so ein Schaden wird immer durch Geld ausgeglichen. Man sagt ihm: »Da Sie bis heute nichts für Ihr Kind getan haben, als Geld zu verdienen, müssen Sie so weitermachen.« In diesem Augenblick fühlt sich der Vater von seiner Frau hintergangen. Er muß bezahlen, damit sie von dem Kind »profitieren« kann. Wann aber hat er etwas von seinem Kind? Plötzlich stellt der Vater fest, ein Kind bedeutet, sein Leben zu teilen, was er bisher nie versucht hat. Nun kämpft er plötzlich darum, mit dem Kind zu leben, öfter als nur alle zwei Wochenenden und in der Hälfte der Ferien. Was zwischen ihm und seiner Frau hinsichtlich des Kindes ungleich verteilt war, wird es ihr Leben lang bleiben, und zwar in krasser Form: *Er* hat sich um die materiellen Belange des Kindes gekümmert, *sie* hat sich bemüht, seinem Liebes- und Kommunikationsbedürfnis zu entsprechen. Der Unterschied zwischen ihnen ist riesig geworden, er löst oft einen Krieg zwischen Vater und Mutter aus, und die Ungerechtigkeit ist groß! Nun beginnt der Kampf, die Untersuchungen, die Arbeit der Anwälte. All dies beeinträchtigt das Kind erheblich, denn es kann nicht das Kind von zwei Feinden sein. Seine ganze Logik bricht zusammen; wie soll zweifacher Haß gemeinsam in ihm Platz finden? Es ist gestört, schweigt über *sie*, wenn es bei *ihm* ist, schweigt über *ihn*, wenn es bei *ihr* ist. Es ist die Hölle für ein Kind, es fühlt sich als Spieleinsatz, Ursache und Gegenstand all dieser Streitereien unter Erwachsenen. Es wäre am liebsten woanders auf die Welt gekommen. Aber irgend etwas in seinem Innern bindet es an sie, vor allem an die Mutter, sein erstes, über lange Zeit einziges Liebesobjekt, und so wünscht es sich, zurückgehen zu können, wieder klein zu werden, und die Schule interessiert es nicht mehr. Es trödelt bei der Arbeit, weint, träumt davon, daß »sie« sich eines Tages wieder zusammentun, damit es auch selbst wieder zusammengefügt wird, für immer.

Die Trennung von einem Teil seiner selbst, das ist der schwere Weg, den das Kind zu gehen hat, während seine Eltern sich beschimpfen, roh miteinander umgehen und sich schließlich trennen. Das Kind verliert dabei seinen Vater. Vielleicht ist es besser so, denn wie wäre es wohl mit dem Vater? Mit der Mutter weiß es, wie es zugeht, sie kennen einander gut. Nach und nach wird der Gedanke, mit dem Vater zu leben, immer schwächer. Neulich sah ich im Fernsehen eine Sendung mit dem Titel *»Geschiedene Väter werden zornig«*[6] und war erschrocken, als ein Junge von sieben Jahren, der nach seinem Vater befragt wurde, eiskalt antwortete: »Papa? Ich liebe ihn nicht, ich liebe ihn nicht mehr.« Eine schreckliche Erklärung aus dem Mund eines so kleinen Kindes, dessen Mutter eigentlich wissen müßte, daß sich ihre eigenen Vorbehalte gegenüber dem Vater auf das Kind übertragen. Das Kind folgt dem Unbewußten seiner Mutter Schritt für Schritt. Auf diese Weise lernt es, den zu hassen, durch den es zur Welt gekommen ist und den seine Mutter heute nicht mehr liebt. Wie soll man sich selbst lieben, wenn man den nicht liebt, der einem zum Leben verholfen hat? Wie kann man mit nur einer Hälfte seiner selbst leben und die andere im dunkeln lassen? Alles, was mit dem Vater des Jungen zu tun hat, wird von der Mutter mit Verbot belegt. Wie soll man sich wundern, daß, wie Untersuchungen ergeben haben, Jungen durch das Verschwinden der Väter stärker getroffen werden als Mädchen?

»Mein Vater, mit Augen aus Dunkelheit geformt«, schrieb eines Tages ein Kind, das bei mir in Behandlung war. Dies ist ein treffendes Symbol, um einen Blick zu beschreiben, der nichts sieht. Wenn der Vater dieses Kind ansah, sah er es nicht. Das Kind existierte nicht für ihn.

Wie viele Väter, die ihre Kinder betrachten, sehen sie nicht, hören sie nicht, verstehen sie nicht? Die Mütter hingegen ...

Der Vater zwischen Bewußtem und Unbewußtem

Es wird immer deutlicher, daß man von seinem Kind nicht *mit Fug und Recht geliebt wird*, sondern daß man dafür etwas tun muß, was die Frauen tun und die Männer noch nicht. Anders ausgedrückt: Man muß sich genug Zeit nehmen, um eine Bindung zu schaffen – jene Bindung zwischen Mutter und Kind, die von jedermann respektiert wird und zur Folge hat, daß sich diese beiden nicht so schnell verlieren werden. Diese Bindung entsteht, wie wir gesehen haben, im ersten Lebensjahr, vor allem in den ersten acht Monaten, in denen das Kind mit dem Nasen-Rachen-Raum, den Ohren und allen Sinnen seine Umgebung aufnimmt, jedoch noch nicht gut sieht. Es begleitet uns nach seinem »feeling«, dennoch müssen wir oft genug dasein, damit es sich an unseren Geruch, unsere Stimme, unser »holding« gewöhnen kann, und der, welcher am meisten Opfer bringt, der die meiste Zeit im Frühnebel seiner Existenz mit ihm verbringt, wird zu seinem sichersten Anker. Was tun die Mütter anderes, als die mit dem Baby verbrachte Zeit wichtig zu nehmen, mit ihm zu sprechen, es zu tragen, zu baden und ihm zu essen zu geben?

Warum tun die Väter nicht das, was notwendig ist, um ebenfalls ein Rettungsanker für ihre Kinder zu werden? Wie können sie zögern – auf die bereits erwähnte Umfrage hin, nach der 95 Prozent der Jugendlichen sich bei Problemen ihrer Mutter anvertrauen –, endlich etwas zu unternehmen?

Die Väter der Kinder von heute wurden zwischen 1960 und 1970 geboren. Die Frauen damals arbeiteten halb soviel wie heute. So war es für sie ganz normal, ihre Kinder großzuziehen, während ihr Mann den Unterhalt der Familie verdiente. Die Lebenskosten damals waren niedriger und konnten durch ein Einkommen gedeckt werden.

Die Männer haben sich nicht geändert. Die Väter von heute haben ihre ersten Lebensjahre mit einer *Mutter* verbracht. So ist es schwer für sie, sich ein anderes Paradies vorzustellen als das, welches sie als kleiner Ödipus mit einer Frau erlebt haben, die sich ihnen ganz hingab. Das einzige, was ihnen heute schön erscheint, ist vielleicht die Erinnerung an die Phase ihrer Kindheit, in der sie alles mit der anderen Person geteilt haben.

Sie waren zwei, aber nicht drei, und für sie bleibt das Baby das Lehen der Frau. Da sie jeden Monat ihre Regel hat und neun Monate Schwangerschaft erträgt, hat sie das Baby wohl verdient, und jeder Vater begnügt sich damit, das Wesen, das von ihm stammt, seiner Empfindung nach aber ihr gehört, ein paar Augenblicke in die Arme zu nehmen. Dagegen muß man angehen. Die Natur hat den Mann mit Spermien versehen, so daß es ohne ihn keine Befruchtung geben kann, und die Frau mit einem Uterus, so daß es – jedenfalls augenblicklich noch – schwer wäre, ein Embryo ohne sie großzuziehen. Hierin besteht der Unterschied zwischen Mann und Frau. Wer aber außer den monotheistischen Religionen sagt uns, daß dieser Unterschied dazu führen muß, daß innerhalb des Paars der eine über den anderen herrscht?

Warum sollte das Kind den Geruch der Mutter dem des Vaters vorziehen, die Stimme der Mutter der des Vaters? Dies sind Vorurteile von vorgestern, aus Zeiten, als Kinder nur durch die Muttermilch überleben konnten. Heute geben viele Frauen ihrem Kind die Flasche, und das können die Väter genauso wie sie. Wenn die Väter vor Gericht den Müttern gleichgestellt sein wollen, muß das Kind zu beiden Eltern eine Beziehung haben. Wenn bei Scheidungen die Erziehungsfähigkeit das Vaters nicht mehr in Frage gestellt werden soll, muß der Vater beweisen, daß er alles tun kann, was ein Baby braucht, und zwar von Geburt an. Hier kann es nicht um Arbeitsteilung gehen – Füttern und Bäuerchen ja, aber Windeln wechseln nein –, das Kind wird ihn mit seinem ganzen Körper lieben oder gar nicht. Wenn Frauen einen Beruf haben, müssen sie von ihren Mutteraufgaben befreit werden. Damit sie schnell wieder arbeiten können, wäre es am einfachsten, daß die Väter einen Teil ihrer Aufgaben übernehmen. Dazu müßten sie ihren Kindern Zeit widmen, und zwar Arbeitszeit, was bedeutet, daß die Unternehmen die Arbeitszeit neu organisieren und jungen Vätern einen besonderen Status geben müßten, der die Vaterschaft des Mannes ebenso berücksichtigt wie das Muttersein der Frau.

Es gibt verschiedene Abschnitte im Leben: die Ausbildungszeit, die Zeit der Gewöhnung an das Arbeitsleben, die Zeit der Familiengründung. Es müßte Gesetze geben, die diesen verschiedenen Lebensabschnitten Rechnung tragen. Man darf nicht mehr daran glauben, daß Kaufkraft und Lebensstandard die einzigen Ziele männlicher Existenz sind.

Heutzutage ist der Vater zwischen zwei miteinander konkurrierenden Aufgaben gefangen: zur Entwicklung seines Unternehmens beizutragen und zu der des Unbewußten seines Kindes. Es ist genau, als wenn man ihm sagte: »Wir beauftragen Sie mit einem Projekt« und ihm nur drei Tage Zeit ließe, obwohl die Arbeit drei Jahre in Anspruch nimmt. Genau dies geschieht mit dem Vater, dessen Kind gerade geboren ist: Er beginnt seine Arbeit als Vater mit Freude; nach drei Tagen entläßt man ihn mit dem Vorwand, einen Ersatz gefunden zu haben: die Mutter. All dies ist falsch, denn niemand kann den Vater ersetzen, und er hinterläßt Leere, einen Platz, den niemand besetzen kann – vielleicht eines Tages ein anderer Mann. Zufrieden oder nicht, er muß sein »Vater-Projekt« fallenlassen und sein Kind seiner Frau überlassen, und so entwickelt sich vor seinen Augen die exklusive Bindung von Mutter und Kind.

Der Vater ist gewiß der erste »Fremde«, aber er ist vor allem ein »Fremder« gegenüber der Zweiheit. Deshalb wird sich sein Kind später, wenn es Schwierigkeiten hat, eher an die Mutter wenden als an ihn, denn wenn man Probleme hat, spricht man mit jemandem darüber, der einem vertraut ist. Der Vater ist aber kein wirklicher Vertrauter für ein Kind. Er hat keine Zeit, denn er ist in den Stunden, in denen sein Kind wach ist, gar nicht da. Bis heute und neunzehn Jahrhunderte lang war der Vater nie der Vertraute seiner Kinder. Bei Scheidungen führt der Mangel an Intimität mit dem Vater dazu, daß er sein Kind verliert und endgültig verläßt. Das Kind erlebt, wie dieser erste »Fremde« zunehmend ein »Sonntagsfremder« wird und schließlich von einem anderen Fremden aus dem Feld geschlagen wird, der immer zu Hause ist und abends nach Hause kommt, weil er der neue Freund der Mutter ist.

In der erwähnten Untersuchung an Jugendlichen sagten die meisten, der Freund der Mutter ersetze den Vater keineswegs, hätte aber eine gewisse Bedeutung. Vielleicht handelt es sich um die Rolle des Vertrauten, welcher der Vater in den ersten Lebensjahren des Kindes nicht gerecht werden konnte. Aus einer anderen Untersuchung, bei der junge Väter auf einer Wöchnerinnenstation befragt wurden, geht hervor, daß 65 Prozent der Männer der Meinung sind, daß ein Vater sein Kind »liebt«, *selbst wenn es nicht das eigene ist.* Dies bedeutet, daß Abstammung und Gene keine gefühlsmäßige Bindung schaffen können, wenn die Väter nicht selbst mitwirken und das Kind so oft »bevatern«, wie die Mutter es bemuttert.

In keinem Alter kann man Liebe aus der Ferne leben. Manche Väter erregen unser Mitleid, wenn sie Zoll um Zoll und jedes Wochenende darum kämpfen, nicht vergessen zu werden und weiter eine besondere Vater-Kind-Beziehung zu haben.

»Es gibt keine Zukunft mehr, ich denke nie mehr an morgen, ich weiß nicht, wie das enden soll«, sagt ein Vater.

»Ich will kein Kind mehr haben, selbst wenn ich eine Frau kennenlerne«, sagt ein anderer.

»Wenn ich meine Tochter wiedersehe, sage ich mir immer, es wird schnell vorbeigehen. Ich möchte am liebsten die Zeit anhalten, es ist schrecklich«,[7] sagt ein dritter.

Die meisten Väter beschließen, Abstand zu dem von ihnen gezeugten Kind zu nehmen. Bevor sie es in einen endlosen Krieg mit der Mutter hineinziehen, verschwinden sie lieber auf Zehenspitzen. Andere hingegen benutzen das Kind, um das sie sich bisher wenig gekümmert haben, während der Scheidung als Waffe gegen ihre Frau – eine inkonsequente Haltung, die wenig geeignet ist, in dem Kind Liebe zum Vater zu erwecken.

Um den Zorn und die Inkonsequenz der Männer angesichts ihres einem gedemütigten Kind entsprechenden Wunsches zu begreifen, sollte man sich nur neue Untersuchungen näher ansehen. 1990 erschien im *Nouvel Observateur* eine Umfrage unter Frauen. Daraus geht hervor, daß für 65 Prozent der wichtigste Moment im Leben das Mutterwerden ist und nur für 35 Prozent die Heirat. Der Anteil der Frauen, die von Kindern träumen, ist doppelt so groß wie der jener Frauen, die sich einem Mann und Vater für ihr Kind wünschen ...

Ein halbes Jahr später veröffentlichte dasselbe Blatt eine Umfrage unter Männern. 53 Prozent von ihnen halten das Vaterwerden für das Wichtigste im Leben, die Heirat erreicht nur 35 Prozent der Stimmen.

Wenn man die Ergebnisse vergleicht, stellt man fest, daß 53 Prozent aller Männer und Frauen sich gleichermaßen ein Kind wünschen; nach einer Untersuchung von INSEE aus dem Jahr 1985 sind jedoch nach der Geburt eines Kindes nur die Frauen bereit, ihrem Kind Zeit zu widmen und manchmal sogar ihre Arbeit dafür aufzugeben.

Wenn man betrachtet, wie Männer und Frauen ihre Zeit verbringen, kommt man zu dem Ergebnis, daß die Männer sich in ihrer Planung dem Kind keineswegs anpassen. Sie widmen sich häuslichen Aufgaben durchschnittlich während 2 Stunden 41 Minuten (davon 1 Stunde 5 Minuten für Geschirr, Küche und Haushalt und 12 Minuten für die Kinder), die Frauen arbeiten 4 Stunden 48 Minuten im Haus (davon 3 Stunden 9 Minuten für Geschirr, Küche und Haushalt, 28 Minuten für die Versorgung der Kinder). Der Mann hat 3 Stunden 41 Minuten Freizeit, die Frau 2 Stunden 51 Minuten.[8] Es ist leicht zu erkennen, daß nach Geburt eines Kindes ein starkes Ungleichgewicht unter den Paaren herrscht. Wenn es um die Versorgung des Kindes geht, verläßt der Vater schnell, heimlich und leise den Raum. So ist es nicht verwunderlich, daß manche Frauen glauben, nichts zu verlieren, wenn sie den Vater ausschließen. Damit verleugnen sie jedoch die Psychologie und die Logik des Unbewußten, denn diese verlangen, daß jeder Mensch ein Vorbild des eigenen Geschlechts und einen ödipalen Partner des anderen Geschlechts hat.

Man kann bei jedem Paar – das eigene eingeschlossen – feststellen, daß es eine Rollenverteilung gibt, die bei der Frau auf das große Interesse zurückgeht, das sie für das

Kind hat. Daraus entsteht das Bild einer allmächtigen Mutter. Für den Vater hingegen hat die Gegenwart eines Kindes nur relative Bedeutung, und das Kind, das gewöhnt ist, nur seine Mutter zu sehen und zu hören, bindet sich nur locker an ihn. Wundern wir uns deshalb nicht, daß der Mann trotz seines Wunschs, »der Vater« zu sein, meistens als »Sicherung« fungiert, wie Evelyne Sullerot es nennt. Er ist der, der als erster herausspringt, wenn es einen Kurzschluß gibt.

Bei den Paaren gibt es so viele Kurzschlüsse, daß ein Drittel von ihnen sich nach wenigen Ehejahren trennt und 85 Prozent ihrer Kinder bei der Mutter leben, nachdem der Vater »ausgestöpselt« wurde und in 70 Prozent der Fälle auch nicht wieder »eingestöpselt« wird, weil die Kinder ihn nur noch selten oder gar nicht mehr sehen,[9] ihn mit der Zeit vergessen oder durch einen Adoptivvater ersetzt haben.

Alle diese Zahlen zeigen, wie zerbrechlich die Stellung des Vaters beim Kind im Vergleich zu seiner soliden Bindung an die Mutter ist, die fast immer auf Dauer hält: Seine Mutter vergißt man nicht.

Demographen wie Henri Leridon und Catherine Gokalp haben Kinder geschiedener Eltern befragt[10] und sind zu dem Schluß gelangt, daß es teilweise vom Alter des Kindes abhängt, ob es seinen Vater vergißt oder nicht. Je kleiner sie sind, wenn das Elternpaar sich trennt, desto größer ist die Gefahr einer Entfremdung. Der Vater muß Kinder fünf Jahre lang erzogen haben, damit sie mit ihm weiterhin in Verbindung bleiben. Kleine Kinder binden sich an diejenigen, die sich um sie kümmern; in den ersten fünf Jahren wird ihr Unbewußtes geprägt. »Wenn sie noch nicht fünf Jahre alt sind, ist für den Vater alles verloren«, könnte man nach all diesen sprechenden und deprimierenden Zahlen sagen.

Die Väter werden aus drei Gründen davon abgehalten, ihr Vatersein auszuüben:

1. Ihre Frauen sehen sich meistens als einzigen, *unverzichtbaren* Elternteil an. Sie haben das Bedürfnis, sich für unersetzlich zu halten, um ihre eigene Identität zu stärken, und verspüren den Wunsch, allen zu zeigen, daß sie die Mütter sind.
2. Die Männer wagen es nicht, einen Platz einzunehmen, den ihre eigene Mutter besetzt hat, aber niemals ihr Vater.
3. Die Unternehmen interessieren sich mehr für ihre Finanzen und ihr Funktionieren als für die Familien, obwohl sie Familienmitglieder beschäftigen. Wenn ein Kind geboren wird, darf der Vater seinen Arbeitsplatz nicht verlassen. So ist er ein guter Mitarbeiter, aber ein schlechter Vater.

Hier wird deutlich, daß es nicht nur um eine Veränderung der Vaterrolle geht, sondern um einen Mentalitätswandel in einer Gesellschaft, die zuerst patriarchalisch war, in der aber nun die Mutter im Mittelpunkt steht und in der das Unbewußte sich nur an weiblichen Anhaltspunkten orientieren kann – in der Familie, aber auch in Erziehungseinrichtungen außerhalb. Dies bringt die Männer dazu, außerhalb dieser weiblichen Bastionen zu bleiben, und die Frauen haben Angst, sie zu verlassen. So ergänzen sie sich seit zwanzig Jahrhunderten, sperren sich gegenseitig ein und sitzen gemeinsam im Gefängnis.

Kapitel 6

Die Familie mit einem Elternteil
oder
Die Ängste einer »Vorbild-Mutter«

Nicht immer hat eine Frau den Wunsch gehabt, allein mit einem Kind zu leben (von einigen seltenen Fällen abgesehen, in denen Frauen ihr Kind allein erziehen wollen). Meistens ist es der einzige Ausweg aus einem mehr oder weniger stürmischen Zusammenleben mit dem Vater, der seit der Geburt des Kindes vor allem mit der materiellen Versorgung der Familie beschäftigt war, während sich die Mutter um die affektiven Dinge kümmerte: Er dachte »Arbeit«, während sie »Kind« dachte. Das Kind, das sie gemeinsam haben wollten, hat sie allein ausgetragen. Auch wenn sie zusammen von seinem Kommen geträumt haben – von seinem Geschlecht, seinem Namen, seinem Zimmer –, schien immer sie die Verantwortung zu haben, weil sie es trug. Dies trennt von Anfang an Mann und Frau, die ein Kind erwarten: Sie erwartet es *in ihrem Körper*, während er es *im Kopf* erwartet. Später wird es für sie beide schwer sein, ihre mehrere Monate während unterschiedliche Stellung gegenüber dem Kind auszugleichen. Für die Frau ist es schwer, sich vorzustellen, daß sie nicht wichtiger für das

Kind ist als der Vater, und der Mann ist von dem Gedanken besessen, seine Frau habe recht. Wenn sich der Vater nicht von Geburt an bemüht, eine körperliche Bindung zu seinem Kind herzustellen, wird es auf seiten der Mutter stehen, und zwar für immer! Es gibt ein Gesetz, nach dem sich Bindungen vollziehen. Wir haben es näher betrachtet und gesehen, daß man es nicht umgehen kann. Meist jedoch tut der Vater nicht das Notwendige, um eine Bindung zu schaffen, weil er nicht weiß, wie schnell sich ein Kind auf Personen fixiert und wie bald er einen Platz innerhalb der Gemeinschaft von Mutter und Kind suchen muß. So wird ihm bald der Rang des »ersten Fremden« zuerkannt – oft kommt er noch weit hinter den Großeltern, die mehr freie Zeit haben und öfter zur Stelle sind. Er kommt noch nach den Brüdern und Schwestern, die auch zum Umkreis des Babys gehören. Der Vater muß sein Leben nach der Notwendigkeit ausrichten, die Familie zu ernähren, und so ist er derjenige, der seine Kinder am wenigsten kennt. Er glaubt, die Verantwortung für sie zu haben, nimmt diese allerdings nur in finanzieller Hinsicht wahr. Dies wird ihm bei der Scheidung vorgehalten. Mit der Trennung eines Paares wird für alle deutlich, daß die Gegenwart des Vaters nur sporadisch und flüchtig ist, so daß bei Problemen zwischen Vater und Mutter niemand glaubt, das Verschwinden des Vaters, der im Leben des Kindes kaum vorkam, sei von großer Bedeutung.

So erklärt sich die schwache Position der Väter bei Scheidungen, denn niemand denkt daran, ihnen eine Rolle zu geben, die sie nie hatten. Sie wagen auch gar nicht, diese Rolle zu beanspruchen, weil sie den Protest sämtlicher Frauen, die das Schicksal der Kinder in Händen haben (Mütter, Sozialarbeiterinnen, Anwältinnen, Richterinnen), fürchten müssen; sie fänden es vermessen, darum zu bitten. Sicher wäre es für viele Kinder hart, die vertraute Umgebung der Mütter zu verlassen und zu einem Vater zu ziehen, den sie kaum kennen. Seit Rousseau die Mutter zur Erzieherin der Kinder gemacht hat, scheint sich in dem Verhältnis Eltern–Kinder nichts geändert zu haben. Die Ärzte des 19. Jahrhunderts und die Analytiker des 20. haben Rousseau nur bestätigt. Neu ist das Recht der Frauen, die Scheidung zu verlangen: Nun befinden sich die Kinder fast automatisch auf seiten der Mütter und werden meistens zu Gegnern des Vaters. Muß man aber einen seiner Eltern verurteilen, dann verurteilt man auch sich selbst. Kinder, die nach der Scheidung ihrer Eltern in meine Praxis kommen, leiden an einer Krankheit, die sie mitten ins Herz getroffen hat: Was sind sie selbst noch wert, wenn ihr Vater vor aller Augen herabgewürdigt wird? Oft fühlen sich Kinder minderwertig, weil sie einen Vater haben, auf den sie sich nicht beziehen und den sie nicht »Papa« nennen können.

Die Sorgfalt, die Jugendliche ihrem Äußeren widmen, verrät eine tiefe Unsicherheit über ihren inneren Wert, die auch in dem Bedürfnis, sich einer Gruppennorm zu unterwerfen, zum Ausdruck kommt. Je wichtiger das Aussehen in den Augen des Kindes ist, um so intensiver ist die Suche nach Werten, die außerhalb der Familie liegen, da sie innerhalb nicht zu finden waren.

In Familien mit einem Elternteil, in denen der Vater fehlt, hat der Sohn kein Vorbild und die Tochter keinen

161

ödipalen Partner. Beide haben Probleme mit dem Abwesenden, selbst wenn die Mutter die Rolle beider Eltern spielen will und deshalb doppelt bemüht ist. Man darf nicht vergessen, daß seit Freud und der Bedeutung, die er der Mutter-Kind-Beziehung gegeben hat, die Mütter – alle Mütter – gerne perfekt und ideal sein wollen.

Aber eine Mutter – und sei sie noch so wundervoll – wird nie einen Vater ersetzen oder umgekehrt. Mylène, ein Mädchen von achtzehn Jahren, wurde im Fernsehen nach der Rolle der Eltern befragt[1] und erklärte, sie sei bei ihrem Vater aufgewachsen, und ihr fehle etwas auf dem Gebiet der Weiblichkeit und des Frauseins: Nie habe man ihr beigebracht, wie man sich anzieht, wie man sich als Frau verhält. Von allen Frauen, die im Leben ihres Vaters eine Rolle gespielt hätten, sei keine ein richtiges Vorbild für sie gewesen. Spontan zog sie folgenden Schluß: »Ich glaube, es gibt keine Mutter, die ›Vater sein‹ kann, und keinen Vater, der ›Mutter sein‹ kann. Man braucht wirklich beide, um ein Kind zu erziehen.«

Seit Freud haben die Mütter geglaubt, sie allein seien unverzichtbar in Fragen des Unbewußten; aber vielleicht sind sie getäuscht worden. Freud sah die Dinge auf einseitige Art, weil auch er nur von Frauen erzogen worden war. Er hatte keine nähere Beziehung zu seinem Vater und konnte sich keinen anderen familiären Rahmen vorstellen als den seinen. Vielleicht hat er dadurch selbst zur Vertreibung der Väter beigetragen. Hundert Jahre nach Erscheinen seiner Schriften sind wir beim Ausschluß des Vaters aus der Familie angekommen. Neunzehn Jahrhunderte lang wurde zuvor über die Rolle des Vaters diskutiert, ohne daß man je auf den Gedanken gekommen wäre, auf ihn verzichten zu können.

Auch die Industrialisierung des 19. Jahrhunderts hat stark dazu beigetragen, den Vater aus seinem Haus zu drängen und die Handwerker- und Familienstrukturen zu zerstören, in denen Väter und Kinder dicht beieinander lebten. Es ist nicht verwunderlich, daß nach dem Weggang der Väter die Frauen, die sich in ihrer als wichtig angesehenen Mutterrolle wohl fühlten, schließlich vergaßen, daß es notwendig ist, mit einem Vater zu leben.

Man kann ihnen kaum einen Vorwurf machen nach all den Erziehungsbüchern, die in den letzten hundert Jahren für sie geschrieben wurden. Es wäre aber sinnvoll, ihnen heute zu erklären, was das Fehlen des Vaters im Bereich des Unbewußten bewirkt.

Die Familie mit einem Elternteil oder die Familie ohne Vater

In 85 Prozent[2] aller Fälle sind Familien mit einem Elternteil Familien, in der die Mutter die Elternrolle innehat. Das Kind hat also nur eine Möglichkeit der Bindung, nur ein Identifikationsmodell: die Mutter. Die Mutter richtet all ihre Gefühle auf ihr Kind und glaubt, sie sei das *Ganze* des Kindes. Was sollen sie beide in einer so einzigartigen Beziehung tun? Werden sie nicht in der Angst leben, einander zu verlieren? Wie soll man Schuldgefühle vermeiden und die Angst überwinden, dem anderen zu mißfallen? Ich erlebe häufig bei Konsultationen, daß Kinder – einzige Objekte ihrer Mütter – sie bei jeder Frage ansehen, um zu erfahren, ob sie sagen dürfen, was sie wissen. Ein Kind kann unter bestimmten Bedingungen nicht das Risiko eingehen, seinem einzigen Elternteil zu mißfallen, und muß alles tun, um in seiner Richtung zu folgen. Ein solches Kind hat kein Recht auf ein eigenes Urteil. Das einzige, was es hat, kommt von dem Elternteil (der Mutter im allgemeinen). Es ist schwierig, sich der Frau zu widersetzen, die ihm *alles* ist. Es ist unmöglich, sich von ihr scheiden zu lassen.

Die Mutter hat jedoch ebensoviel Schwierigkeiten wie ihr Kind, denn sie will bei ihm keine Opposition hervorrufen: So wird sie kaum etwas von ihm verlangen oder bei Erziehungsproblemen streng sein, denn sie fürchtet, als »böse« zu gelten und die Liebe des Kindes, an dem sie so sehr hängt, zu verlieren.

Sie möchte vor allem eines nicht: daß sich die Bindung zwischen ihr und ihrem Kind lockert. Es hat ja schon keinen Vater und soll nicht auch noch die Mutter verlieren. Meistens schreckt die alleinerziehende Mutter davor zurück, das Kind zu betrüben, und läßt Fehlverhalten zu, das sie normalerweise getadelt hätte. Das wichtigste scheint ihr, daß das Kind sich geliebt weiß. So zögert die Mutter, bittet eher, als daß sie fordert.

Eine alleinerziehende Mutter wünscht sich, daß ihr Kind sie dem abgewiesenen Vater »vorzieht«. Um dies zu erreichen, ist ihr jedes Mittel recht. Erpressung, Verführung, Einflößung von Schuldbewußtsein – all jene Gefühle, die in einer guten Erziehung nicht vorkommen dürften, stehen hier im Mittelpunkt. Das Kind soll daran gehindert werden, sich dem Mann, der als unwürdig galt, es zu erziehen, wieder anzunähern.

»Sie wollte mich für sich haben, für sich ganz allein, sie hat mir meinen Vater genommen und mich gehindert, ihm nahe zu kommen, mit ihm zu sprechen, ihn zu umarmen. Sie trat immer dazwischen, als wenn ich nur ihr gehörte. Und jetzt ist mein Vater nur noch ein Fremder, und es ist so, als hätte ich gar keinen gehabt.«

In einer Familie, in der die Mutter herrscht, sind alle freundlich, verständnisvoll, sanft – viel mehr als in einer Familie mit zwei Eltern. Anders in der Pubertät – da erwacht das Unbewußte, und die Geschichte der Mutter und des abgewiesenen Vaters wird lebendig!

Ein Jugendlicher, der daran gewöhnt ist, daß man sich seinen Wünschen beugt und ihm keinen Respekt vor dem anderen abverlangt, kann nur schwer die Autorität seiner Lehrer ertragen und wird aggressiv oder eigensinnig. Er kann ins Lager der Oppositionellen, der Aufbegehrenden überwechseln, weil er kein Gesetz erträgt. Er kennt nur das Gesetz der Familie, das bei Vater und Mutter herrscht: Schuldgefühle, die Autorität ersetzt haben. Die Jugendbanden in den Vorstädten setzen sich weitgehend aus Kindern zusammen, in deren Familien die Mutter die einzige Gesprächspartnerin war.

In solchen Familien können manche Jugendliche, wenn sie sich gegenüber einem Elternteil abgrenzen müssen, gewalttätig oder drogenabhängig werden, denn sie sind zornig, daß sie nicht sind wie alle anderen, gerade dann, wenn sie die Gleichheit mit den Alters- und Geschlechtsgenossen so dringend brauchen. Es gibt keine Untersuchungen, die einen Unterschied machen zwischen Kindern, die seit der Geburt keinen Vater haben, und solchen, die ihn im Lauf der Jahre verloren haben; aber bei allen Umfragen der INSEE oder des Justizministeriums in Frankreich und im Ausland gibt es deutliche Zahlen: 50 Prozent der Drogenabhängigen in Frankreich (Zahlen von INSERM) kommen aus zerrütteten Familien, 44 Prozent in Italien (Zahlen von UDSSM), 61 Prozent der kanadischen jugendlichen Delinquenten, nur 19 Prozent dieser Kinder kommen aus intakten Familien. Jungen sind häufiger betroffen als Mädchen.[3]

Was suchen diese Jugendlichen? Die Begegnung mit anderen, die aufbegehren wie sie und Konfrontation mit der Autorität herausfordern – und sei es die Polizei. Drogen mit der durch ihre Einnahme bewirkten Regression sind für solche Kinder eine Versuchung, weil sie sich nicht weiterentwickeln, weder wie die Mutter noch wie der Vater werden wollen. Ein junger Mann von siebenundzwanzig Jahren, der Drogen nahm, gelegentlich kriminell war und seit seinem vierten Lebensjahr allein mit seiner Mutter lebte, sagte:

»Meine Mutter ist doof, aber zugleich tut sie mir leid, weil sie denkt, ich hätte den Alten vergessen. Dabei kann ich mich noch genau erinnern, wie er brüllte, schrie, gegen die Möbel stieß und wie sie weinte. Heute tut sie so, als ob sie sich meinetwegen keine Sorgen macht; aber ich weiß, daß sie immer Angst hat, mit mir könnte dasselbe passieren, weil ich ihm ähnlich bin. Davor hat sie solche Angst, daß sie tut, als gäbe es ihn nicht. Sie redet nie über ihn, und je mehr Schiß sie hat, desto mehr saufe und rauche ich, desto mehr Drogen zieh' ich mir rein. So muß ich mich nicht zwischen ihnen entscheiden. Wenn ich aufwache, steht sie immer an meinem Bett und fleht mich an: ›Werde nicht wie er, ich bitte dich, mein Sohn!‹ Wenn ich mit 'm Schuß gut leben könnte, würde ich mir dauernd was spritzen.«

Eine weitere, ebenso sprechende Auskunft: »Es ist furchtbar, wenn man nicht weiß, wer man ist und wer man sein sollte – da gibt es nur eine Lösung: sich so lange einen Schuß setzen, bis man alles vergißt, an nichts mehr denkt und irgendwo vor sich hin dämmert. Die Scheiße ist nur, daß es, wenn man aufwacht, kein bißchen besser ist, man weiß immer noch nicht, was man tun und wohin man gehen soll . . .«

Da kommt einem die Aussage eines anderen Jugendlichen in den Sinn, eines Shakespeare-Helden, der ebenfalls nicht von seinem Vater reden darf und ihn vergessen soll:

»To die, to sleep, no more . . .« Sterben – schlafen – nichts weiter! und zu wissen, daß ein Schlaf die tausend Nöte endet, die unsers Fleisches Erbteil . . .[4]

Verschwinden des Vaters und Schuld der Mutter erzeugen vier Jahrhunderte später noch dieselben Gefühle bei den Jugendlichen, die sich nicht mit dem Vater identifizieren können.

Schweigen der Mutter und Verdrängung der natürlichen Aggressivität beim Kind in der Pubertät – dies ist die innere Dialektik, der man nur zu oft in Familien ohne Vater begegnet, in denen die Mutter herrscht, die zwar ihre Kinder liebt, aber das einzige Identifikationsobjekt ist.

167

Identität und Identifikation in der Familie mit einem Elternteil

Wenn eine Mutter alleinerziehend ist, ist sie der einzige Ort der Identifikation für ihre Kinder. Der Status der Mädchen verändert sich dadurch nicht wesentlich, da die Mädchenerziehung in jeder Familie Aufgabe der Mutter ist. Mit dem Jungen verhält es sich anders. Er soll ein Mann werden, also nicht wie die Mutter, da sie eine Frau ist, aber auch nicht wie der Vater, denn er wurde als unerwünscht aus der Familie entfernt. Um die Schwierigkeiten zu verstehen, auf die der Junge stößt, wenn er allein von der Mutter erzogen wird, muß man sich in Erinnerung rufen, daß Identität (das Man-selbst-Sein) und die Identifikation (das Sein-wie) die Grundlagen der Persönlichkeit sind.

Die *Identität* eines Menschen beginnt in den ersten Augenblicken des Kontakts mit seinen Eltern, die ihn als neue Schöpfung und eigenes Individuum verstehen. Wenn aber die Mutter allein ist, kann sie dann umhin, dem Kind den Platz desjenigen zu geben, der dazu da ist, sie glücklich zu machen, da sie anderswo keine symbiontische affektive Bindung gefunden hat? Das Kind einer Familie mit einem Elternteil ist mehr als andere der Gefahr ausgesetzt, dem Traum nach Einssein des Elternteils genügen zu müssen, dessen Defizite zu teilen. So entwickelt sich die Gewohnheit, auf dem Gesicht des Elternteils abzulesen, was man sagen darf, ohne ihm weh zu tun. Es gelingt dem Kind nicht, seine Empfindungen von denen der Eltern zu trennen; es ist ein »Eltern-Kind« und versucht, während es sein Kinderleben lebt, seinen Eltern Lebenshilfe zu geben. So gerät es selbst in eine Sackgasse.

»Wie soll ich glücklich sein«, sagte mir eine junge Frau, »wenn meine Mutter unglücklich ist? Ständig beschäftigt mich diese Frage: Wie kann ich sie glücklich machen?«

»Ich sehe sie an«, sagte mir ein Mann, »und wenn ich sehe, daß sie glücklich ist, fühle ich mich frei, sonst ist mir der Tag verdorben, ich fühle mich schlecht und bin unkonzentriert bei der Arbeit. Ich glaube, meine Mutter hat Besitz von mir ergriffen.«

Was soll man von jenen Leuten sagen, die jeden Satz mit Floskeln beginnen wie: »Sagen wir mal«, »Angenommen, daß« oder »Wenn Sie wollen« und damit zum Ausdruck bringen, daß sie es nicht gewöhnt sind, anders zu existieren als in nächster Nähe eines anderen und auch mit dessen Ansichten.

Manchmal enthüllt der Zufall bei einem Therapiegespräch, daß sie eine Existenzweise haben, die darin besteht, daß sie nicht existieren. Eines Tages öffnete ich die Tür zum Wartezimmer: »Bitte, mein Herr.« Er schien sich zu fragen, ob ich auch wirklich ihn meinte, dabei war er der einzige im Raum. Dann stand er nach einem kleinen Zögern langsam auf, er faltete sich gewissermaßen auseinander. Er war groß – riesengroß – und ging mit so unsicherem Schritt, daß man meinen konnte, er wollte den Boden nicht berühren. Als wir in meinem Sprechzimmer waren, setzte er sich, oder besser gesagt, fiel er in den Sessel, den ich ihm anbot. Sein blaugrauer Blick schien die Situation abzuschätzen, ohne mich wirklich anzusehen, und bis ich das Schweigen unterbrach, wartete er freundlich, daß ich etwas sage.

Während des gesamten Gesprächs wurde eines deutlich: Er war nie verantwortlich und auch nie die Ursache für irgend etwas, was mit ihm geschah, und er war sogar nur aus Zufall bei mir gelandet, durch die Vermittlung eines Freundes. Zufällig war er auf der Treppe des Hauses, in dem dieser Freund lebte, einem Psychiater begegnet, und dieser hatte ihm geraten, zu mir zu kommen, und ihm die Adresse meiner Praxis gegeben. Sein fehlendes Wissen über die eigenen Wünsche ließ ihn fahrig erscheinen. Entsprechend der Logik seines Lebens war er in einer Situation, in der er sich nicht zwischen zwei Frauen entscheiden konnte, weil er nicht wußte, welche ihm lieber war. Vielleicht die, welche ihn mehr bedrängte.

Er ließ sich mühelos überzeugen, ein anderes Mal wiederzukommen, um ein wenig Klarheit in diese Angelegenheit zu bringen. Er kam tatsächlich wieder und ging so weit zu sagen, daß das, was »wir« beim letzten Mal gesagt hätten, ihn interessiert habe. Dann machten wir uns auf eine lange Irrfahrt durch seine Kindheit, aus der sich ergab, daß die chronische Abwesenheit seines Vaters ihn gänzlich seiner Mutter ausgeliefert hatte – einer Mutter, die selbst so unglücklich und allein war, daß er sich geschworen hatte, für sie der beste Sohn auf Erden zu sein.

Als wir an diesen Punkt gekommen waren, kehrte Leben in seine Augen zurück, und man hätte meinen können, daß er nun wieder Lebenslust und Tatkraft erlangt hatte; aber seit allzu langer Zeit dachte und fühlte er nicht mehr, was er sagte. Ich schlug vor, daß wir uns weiter unterhalten sollten, und er pflichtete mir bei. Zugleich bat er den Zufall, daß dieser sich einmischen und ihn daran hindern möge zu begreifen, daß er nicht mehr derjenige war, der er zu sein behauptete. Jener geheimnisvolle Zufall hat dann wohl wie üblich die erwartete Rolle gespielt: Herrn G. ohne sein Wissen an dem zu hindern, was er weder sagen noch tun wollte. So sah ich ihn nie wieder . . .

So kann es sich zwischen Eltern und Kind ereignen, wenn sich ihre Identität vermischt und der eine als Spiegel des anderen fungiert.

Die *Identifikation* ist ein tiefgreifender Prozeß, der ein Kind dazu bringt, »wie« der gleichgeschlechtliche Elternteil zu werden, damit er ihn einholt und ihm eines Tages gleichrangig wird. Deshalb darf dieser Elternteil nicht beschimpft, abgewiesen, verurteilt oder ihm der Umgang mit dem Kind untersagt werden, denn sonst gibt es kein Vorbild für das Kind, und sein Traum wird verhindert. Es kann nicht Kind bleiben – besonders in der Schule nicht, die es ja besucht, um zu lernen, was die Großen wissen.

»Julien wagte sich nicht zu fragen, woran sein Vater dachte, er versuchte, *an nichts zu denken,* vor allem nicht an seine Mutter, er verjagte sie aus seinen Gedanken, sie sollte jetzt nicht auftauchen. Julien drückte seinem Vater sanft die Hand.

Alle anderen Kinder hatten ihren Frieden und konnten ungezwungen lachen, er aber hatte immer die Gesichter des Vaters und der Mutter genau betrachten müssen, um herauszufinden, ob sie auch glücklich waren, und jetzt war er müde, war sie leid, war alles leid und wollte nur noch weit fort, auf einen unsichtbaren Stern. Da würde er in der Zeit um Lichtjahre zurück sein, keine Eltern, keine Vergangenheit ... Sie hätten keinen Kummer, da sie noch nicht geboren wären. Weggehen, nirgendwo leben, niemanden tragen, niemanden küssen!«[5]

Diese bestürzenden Sätze beschreiben genau, wie sich ein Kind einrichtet, wenn es einen Elternteil ablehnt – es wird blockiert und gezwungen, von einer Welt ohne Eltern zu träumen.

Ich kenne einen erwachsenen Mann, der nicht Sohn seines Vaters sein durfte, weil die Mutter es nicht wollte. Er geriet in völlige Verwirrung beim Gebrauch der Worte »Vater« und Sohn«, bezeichnete einen Achtzigjährigen als Jungen, einen Achtundzwanzigjährigen als »Vater«. Es kamen dabei seltsame Formulierungen zustande wie diese: »Er ist ein netter Junge«, wenn es um einen Mann von sechzig ging, oder: »Ach, da kommt ja Vater Christoph«; dabei war dieser erst zwanzig. Ich war zutiefst erstaunt, als ich eines Tages vor einem Mann stand, den er immer als »braven Jungen« bezeichnet hatte – es war ein Greis!

Unstimmigkeiten innerhalb von Paaren erzeugen bei Kindern entweder Störungen auf dem Gebiet der Identität oder dem der Identifikation. Ein Kind wird entweder einsam oder sucht außerhalb der Familie andere Vorbilder, die ganz anders sind als die Eltern. So entstehen oft Jugendlieben, die deshalb solche Bedeutung haben, weil die Kinder von zu Hause aus nur jemanden lieben dürfen, mit dem die Mutter einverstanden ist, und weil sie das Bedürfnis haben, in aller Freiheit nach eigenen Gesetzen zu lieben und nicht nach denen der Mutter. Jugendlieben sind fast immer das erste Zeichen von gefühlsmäßiger Autonomie gegenüber der Familie, und je erstickender das Klima in der Familie ist, desto früher beginnen sie. In Familien mit einem Elternteil kommt es oft vor.

Entwicklung des Jungen ohne Vater

Wir haben im Kapitel über den Ödipus gesehen, mit welcher Leichtigkeit und Spontaneität die Mutter mit ihrem Sohn in eine ödipale Beziehung tritt. Wenn der Vater fehlt, repräsentiert der kleine Junge *alles* für die Mutter, da er der einzige Mann in ihrem Leben ist. So hat er als Kind große Mühe, der Fixierung der Mutter nicht mit der gleichen Intensität zu begegnen.

Wenn er zwölf, dreizehn Jahre alt ist und die Pubertät beginnt, verspürt der Junge das Bedürfnis, mit anderen zusammenzusein, die ihm gleich sind, anderen Jungen nämlich, und dies entfernt ihn von der Mutter. Wird sie es ertragen, daß sich der Sohn von ihr distanziert? Wird er es wagen, sich gegen eine Mutter aufzulehnen, deren Augen sich mit Tränen füllen, wenn er sagt, er käme erst später nach Hause und wolle mit seinen Freunden ins Kino gehen? Die ödipale Liebe der Mutter, die einen Jugendlichen schon unter normalen Umständen irritiert, kommt hier viel deutlicher zum Ausdruck und kann zu einer plötzlichen Abwendung von der Mutter führen, womit diese nicht im geringsten gerechnet hatte.

Was bereits schwierig zwischen Mutter und Sohn ist, wenn es einen Vater in der Familie gibt, wird hier nur durch eine *Gegenidentifikation* mit der Mutter möglich, die an die Stelle der *Identifikation* mit dem Vater tritt. Dem Jungen bleibt nur eine Lösung: Um ein Mann zu werden, *braucht man nur nicht zu sein wie eine Frau.* Die Voraussetzungen für die Frauenfeindlichkeit und alles, was dazugehört, sind geschaffen, und die spätere Ehefrau hat die Folgen zu tragen.

Je einzigartiger die Mutter-Sohn-Beziehung ist und je länger sie dauert, desto heftiger wird die Reaktion des Mannes sein. Eine Familie ohne Vater ist alles andere als der ideale Ort, um den neuen Mann zu schaffen. Ganz im Gegenteil: Allein von einer Frau erzogen zu werden kann die Reaktion der Jungen gegen die Frauen nur verstärken. Der neue Mann, der der Frau gleichgestellt ist und sie ergänzt, kann nur aus einer Familie hervorgehen, in der nicht alle Macht in den Händen einer Frau liegt.

Entwicklung des Mädchens bei einer alleinerziehenden Mutter

Hat ein Mädchen ohne Vater weniger Schwierigkeiten als ein Junge? Nein! Aber sie sind uns schon bekannt, denn Mädchen haben, ob nun ein Vater da ist oder nicht, immer denselben Werdegang: Sie sind der Fürsorge und den unbewußten Erwartungen ihrer Mütter ausgeliefert. Kleine Mädchen – das ist wohlbekannt – haben keine frühen ödipalen Partner, noch weniger die, welche zu

Hause keinen Vater haben. Sie müssen mit den Erwartungen der Mütter allein zurechtkommen.

»Ich habe den Eindruck, daß sie sich in uns sah. Wir waren der Anlaß für sie, Aufmerksamkeit auf sich zu ziehen. Es war ihr in ihrer eigenen Familie nie gelungen, Anerkennung zu finden, weil sie ein Mädchen war, und durch uns, ihre Töchter, wollte sie anerkannt werden. Sie wollte den Leuten vollkommene Kinder vorführen, damit dies auf sie zurückfiel, und wenn wir zur Großmutter gingen, mußten wir sauber und artig sein wie im Bilderbuch. Ich erinnere mich, daß ich nicht zu sprechen und auch nicht zu denken wagte, aus Angst, ihren Erwartungen nicht zu entsprechen. Bei meiner Mutter war es für mich wie vor Gericht. Sie urteilte über das, was ich zu tun oder zu sagen hatte«, erzählte mir eine Patientin auf der Couch.

Das Leben des Mädchens – ob in einer normalen Familie oder bei einem Elternteil – ist immer bestimmt durch einen schwierigen Anfang bei einer Frau, die hohe Anforderungen stellt. Wenn die Mutter alleinerziehend ist, scheint es unmöglich, sich ihr zu widersetzen und das Risiko einzugehen, von ihr nicht geliebt zu werden. Meistens unterwirft sich ein Mädchen, das allein mit seiner Mutter lebt, weil es im Konflikt mit ihr vom fehlenden Vater nicht unterstützt werden kann.

Die Mütter lassen sich auf das Spiel ihrer allzu lieben und freundlichen kleinen Mädchen ein und wissen nicht, daß ihre Töchter sich in der Pubertät um so heftiger gegen sie wenden werden. Dann nämlich finden sie Unterstützung bei ihren Freundinnen und vielleicht ihrem Freund, und sie werden es endlich wagen, sich von der Unterwerfung unter die Mutter zu befreien und ihre ewige Rivalin zu bekämpfen.

Wenn Mutter und Tochter in einer Familie ohne Vater ein gutes Verhältnis haben, heißt dies noch lange nicht, daß das Kind auch später ausgeglichen sein wird. Das Fehlen des Vaters läßt das Mädchen von Männern als dem vollkommenen Vater träumen, den es nicht hatte, und es wird ein böses Erwachen geben.

Schlußfolgerung

Eine Familie mit einem Elternteil ist keineswegs in der Lage, den Weg eines Kindes zu erleichtern – ob es ein Junge oder ein Mädchen ist. Die geringe Anwesenheit des Vaters in einer normalen Familie wirkte sich schon negativ auf das Ende des Ödipus beim Jungen und auf den Beginn des Ödipus beim Mädchen aus. Wenn der Vater aber gänzlich fehlt, können diese beiden Symptome, die Hauptursache für die Frauenfeindlichkeit der Männer und die Hysterie der Frauen sind, nur verschlimmert werden.

Eine Mutter, die allein mit ihren Kindern lebt, muß sich darum kümmern, daß es Vaterfiguren in ihrer Umgebung gibt (Großvater, Onkel, Freund der Mutter), die den Kindern ohne Vater als Halt dienen können. Es ist interessant festzustellen, daß viele Frauen, die das Sorgerecht für ihre Kinder haben, wieder zu ihren Eltern ziehen. So haben die Kinder ein Bild von einer Familie, an deren Spitze ein Paar steht.

Nachdem gegen Ende des 19. Jahrhunderts die Mutter

als einzig wahre Erzieherin der Kinder galt, haben wir zum ausgehenden 20. Jahrhundert wieder die Situation erreicht, Kinder einer Amme zu geben. Eine Familie ohne Vater kann viele Formen annehmen, und die Geschichte des Kindes kann zu einem höchst komplizierten Puzzle werden, gebildet aus Leuten, die die Funktion der Eltern übernehmen, von denen einer fortgegangen und der andere zum Versorger geworden ist. Therapeuten interessieren sich häufiger für die Frau, die das Kind tagsüber betreut, als für die Mutter, die nicht da ist und das Geld für die Familie verdienen muß. Die Übertragung des Sorgerechts an die Mutter ist eine Maßnahme gegen den Vater, der sich nicht direkt um das Kind gekümmert hat. Es ist jedoch keineswegs bewiesen, daß dies eine ideale Lösung ist: Die Mutter hat nun die finanzielle Verantwortung, die vorher der Vater innehatte, ist oft mit Arbeit überlastet und wird dadurch zur »abwesenden« Mutter. Kinder alleinerziehender Eltern haben oft weder Vater noch Mutter und leben mit anderen Erwachsenen, denen sie anvertraut werden. Was man bereits im Mittelalter wußte, erweist sich auch heute als wahr: Efeu geht ein oder hält sich fest. Das Kind liebt *da, wo es lebt*, und bindet sich an die, *mit denen es lebt*.

Welche Rolle spielt also noch das Sorgerecht von Vater oder Mutter? Keine andere als die einer Streitfrage zwischen Mann und Frau. Das Kind wird seinen Weg gehen, manchmal mit seinem Großvater, manchmal mit seiner Tante. Wesentlich ist, daß es aufhört, Streit- und Verführungsobjekt zu sein, und zum Subjekt wird bei einem Menschen, der es *um seiner selbst willen* liebt und nicht *gegen* einen anderen.

Für ein Kind ist es wichtig, in aller Freiheit diejenigen lieben und hassen zu können, die ihm das Leben und das Wagnis der Freiheit geschenkt haben. Einen seiner Eltern lieben und den anderen hassen zu müssen wäre das Gegenteil von Freiheit.

Kapitel 7

Für eine neue Familien-Ökologie

Die Familie ohne Vater ist eine Erfindung des 20. Jahrhunderts. Die Frauen haben die Väter nicht als erste aus dem Familiensystem ausgeschlossen. Wie wir zu Beginn dieses Buches gesehen haben, war es vor allem die Industrialisierung, die ihn aus dem Haus trieb. Er gab das Handwerkerdasein auf und verdingte sich in der Fabrik; fast den ganzen Tag konnte der Mann seine Vaterrolle nicht mehr erfüllen.

Die Maschine hatte einen unmittelbaren Einfluß auf das Familienleben, ebenso wie die Informatik die Menschen heute nach Hause schickt, desorientiert und untätig macht. Man kann Produktion und Reproduktion nicht radikal voneinander trennen, ohne ein großes Risiko einzugehen. Die Männer – die Väter – sind dieser Bewegung gefolgt und fortgegangen, um mehr Geld nach Hause zu bringen. Nun sind sie wieder zu Hause, ohne Arbeit und damit ohne Kaufkraft, und können nicht mehr erfüllen, was ihnen für die Familie am wichtigsten erscheint. In den Augen eines Analytikers ist der Mann in den beiden Teilen seiner Libido gestört, dem oralen Wunsch, an sich zu bringen, zu konsumieren, dem analen Wunsch, zu produzieren. Oft wird er deshalb depressiv oder aggressiv oder greift zu Drogen. Die Wissenschaft hat uns geblendet, die Elektronik und Informatik haben uns fasziniert – aber bewegen wir uns nicht mit jedem Tag mehr auf eine Welt zu, in welcher der Mensch keinen Raum mehr hat? Vertreibt der Mensch sich nicht selbst? Haben die Väter nicht ebenso gehandelt, als sie glaubten, daß ihre Familien glücklicher würden, wenn sie immer mehr Geld nach Hause brächten? Haben sie nicht manchmal schwere Arbeit und große Opfer auf sich genommen, um ihr Gehalt aufzubessern in dem Glauben, dies sei ein wichtiger Liebesbeweis für die Familie?

Heute wissen wir, daß ein wirklicher Liebesbeweis darin besteht, dazusein und mit dem Kind zu teilen, was es nach und nach entdeckt. Wer das Kind mit der Hand, der Stimme, den Augen »begleitet«, ist im Bereich des Unbewußten Vater und Mutter des Kindes.

Weder Väter noch Politiker entschließen sich, die Vaterschaft anzuerkennen und dem Mann Vaterschaftsurlaub zu geben oder andere Maßnahmen zu ergreifen, die den Mann anläßlich der Geburt eines Kindes ein wenig entlasten könnten. So hört die Mutter unter allgemeiner Zustimmung auf zu arbeiten (ihre Bezahlung liegt im allgemeinen unter der des Mannes), nimmt zuerst den Schwangerschaftsurlaub, der ihr gesetzlich zusteht, und kann ihn durch Erziehungsurlaub fortsetzen. Väter fürchten, wenn sie Erziehungsurlaub beantragen (denn das können auch sie), an Ansehen zu verlieren und Nachteile von seiten des Arbeitgebers in Kauf nehmen zu müssen. Deswegen wird dem Mann immer größere Verantwortung übertragen als der Frau, denn jedermann erwartet, daß sie ihre Familie wichtiger nimmt als die Arbeit.

Wenn die Entscheidung einmal im traditionellen Sinn gefallen ist, wird sich das Baby an die Mutter binden, die zu seiner wichtigsten Gesprächspartnerin wird und seine Bedürfnisse stillt. Sie hat nun allein die Verantwortung für die Herausbildung des Unbewußten beim Kind. Wenn es Schwierigkeiten gibt, wenden sich Ärzte und Lehrer an sie, sie geht zum Psychologen oder Analytiker, weil sie die erwachsene Person ist, welche die Verantwortung für das Kind trägt.

Man kann nur staunen, welch großen Einfluß die Unternehmen auf die Rollenverteilung der Eltern bei der Kindererziehung ausüben. Der Mann wird am Vatersein gehindert, die Frau daran, Karriere zu machen. Auch die Finanz-, Beschäftigungs-, Gesundheits- und Bildungsministerien müßten sich des Problems annehmen. Denn durch diese Institutionen werden Vater und Mutter ferngesteuert und programmiert. Wir sehen, daß die Eltern von morgen noch so guten Willens sein können – sie haben beide keine Wahl, welche Rolle sie bei ihrem Kind spielen werden.

So kann eine Familie mit zwei Eltern doch zur Alleinerziehungsfamilie werden, denn die Mutter ist allein für die Kinder verantwortlich, obwohl ein Vater da ist. Eine solche Familie wird aber erst dann als »Alleinerziehungsfamilie« bezeichnet, wenn der Vater nach einer Scheidung wirklich das Haus verläßt. Die Kinder werden zuerst gar nicht den Eindruck haben, daß sich etwas

geändert hat, sondern eher ein Gefühl der Befreiung verspüren, weil die familiären Spannungen nachlassen. Erst
viel später wird ihnen klar, wie sehr ihnen der Vater
fehlt.

Allein erziehen bedeutet in den meisten Fällen, daß
ein Mann, der ohnehin im Leben des Kindes nicht häufig
anzutreffen war, ganz und gar verschwindet und die
Priorität der Mutter in der Erziehung anerkannt wird.
Es kommt sogar vor, daß Kinder von ihrer Geburt bis zu
ihrem 18. Lebensjahr nur Frauen begegnen und erst im
Militärdienst die Welt der Männer kennenlernen.

Wird im Unbewußten des Kindes die Bedeutung des
Vaters gemindert, wird die ödipale Entwicklung des
Kindes geleugnet, und nur der Junge kann einen Ödipus
mit seiner Mutter entwickeln, während die Tochter ihn
durch die fast völlige Abwesenheit des Vaters ohnehin
nicht erfährt. Dieses Fehlen eines männlichen Partners
zwingt die Mädchen und später die Frauen, im präödipalen Stadium zu verharren, das heißt, eine Weiblichkeit
zu besitzen, die vom Vater nicht bestätigt wurde, und in
Erinnerung an die erste Rivalität mit der Mutter nun in
dauernder Rivalität mit allen anderen Frauen zu leben.
Die kleinen Jungen, später die Männer, setzen ihre
ambivalente Beziehung zur Mutter fort, die sich auf das
gesamte weibliche Geschlecht überträgt. So wird Frauenfeindlichkeit gefördert und damit die Arbeitsteilung
zwischen Arbeitswelt und Kindererziehung und die
partnerschaftliche Elternschaft in der Familie verhindert. Männer fürchten ihr Leben lang, denselben Platz
wie eine Frau – eine Mutter – innehaben zu müssen.

Die augenblickliche Wirtschaftslage ist für uns alle

deprimierend, weil immer mehr Arbeiter entlassen werden. Vielleicht hat sie ihr Gutes und trägt zur Änderung unserer althergebrachten Lebensbedingungen bei, wenn sie zu flexibleren Arbeitszeiten und Löhnen und einer stärkeren Berücksichtigung der Familien führt. Da die Arbeit weniger Zeit im Leben beansprucht und die Bedienung der Maschinen, die den Menschen ersetzen, weniger Kraft als vielmehr eine richtige Ausbildung erfordert, werden wir vielleicht noch erleben, daß ein neues Gleichgewicht zwischen den Herstellern von Produkten und den gebärenden Frauen entsteht.

Männer, die weniger arbeiten, haben vielleicht endlich Zeit für ihre Kinder und sind im Familienleben wieder präsent. Eine solche Veränderung kann nur durch größere Flexibilität der Unternehmen und freiere Handhabung der Arbeitszeiten erreicht werden, wie es bereits jetzt durch Arbeitszeitverkürzung geschieht.

Zum erstenmal seit der Industrialisierung im 19. Jahrhundert werden Maßnahmen zum Teilen von Arbeit und zur gleitenden Arbeitszeit ergriffen, die die Männer zwingen, ihre bisherige Lebensweise zu überdenken – warum nicht auch ihre Rolle bei der Kindererziehung?

Ich habe bei Männern, die gerade Vater geworden waren, eine Umfrage durchgeführt, aus der hervorging, daß 75 Prozent von ihnen es für normal hielten, Vaterschaftsurlaub zu bekommen (ebenso bezahlt wie bei der Mutter) oder eine flexible Arbeitszeit, um drei Monate bei dem Kind bleiben zu können.

Die Männer beginnen also einzusehen, daß Vater zu sein nicht nur bedeutet, dem Kind eine Mutter zu geben.

Durch seine Gegenwart, seine Verantwortung und seine Teilnahme an der Kinderpflege entsteht die Bindung zwischen Vater und Kind. Als der Vater von zu Hause fortging, um zu arbeiten, als die große Zeit des Handwerks vorbei war und das Land verwaiste, wurden Väter und Kinder voneinander getrennt, und zwar so radikal, daß sie es sich heute durchaus vorstellen können, ohne einander zu leben.

Wir sind weit entfernt von dem, was 1518 F. Filelfe in *Guidon des parents*, Leitfaden für Eltern, schrieb: »Niemand ist ein aufmerksamerer und neugierigerer Beobachter eines anderen als ein Vater, der sein Kind betrachtet.« Nicolas Pasquier schrieb zur selben Zeit: »Wer seinen Sohn unterrichtet, zeugt ihn doppelt.«[1]

Gerichte, die bei einer Scheidung nur die Notwendigkeit einer Mutter für das Kind anerkennen, bestätigen nur, was schon lange Status eines Kindes ist – nur ein Elternteil ist verantwortlich, Tag und Nacht: seine Mutter! Es einem Vater zuzusprechen, den es nur sporadisch gesehen hat, hieße gewiß, es großer Unsicherheit auszuliefern. Wir wissen, wie sehr ein Kind Gewohnheiten unterworfen ist. Wer würde bei Uneinigkeit zwischen einem Mann und einer Frau das Kind dazu verurteilen, von einer Mutter getrennt zu werden, die es nie verlassen hat?

Solange die Väter nicht in der Geschichte ihres Kindes Fuß fassen und nicht Vater sind, so wie die Mutter Mutter ist, wird ihnen bei einer Trennung immer der zweitrangige Platz eingeräumt. Diese Entscheidung ist richtig – nicht gegenüber den Eltern, die beide das Kind gezeugt haben, sondern gegenüber dem Kind, das in

95 Prozent der Fälle von der Mutter versorgt wurde und es logisch findet, seinen Weg mit ihr fortzusetzen, selbst wenn die Wege der Eltern sich trennen. Der »Kindesraub«, den manche Väter sich erlauben, ist oft nichts anderes als eine seelische Verletzung eines Kindes, das entsetzt darüber ist, von der Mutter getrennt zu werden. Solche Väter wissen offenbar nichts über ihr Kind, sonst würden sie sich darüber im klaren sein, welche Erschütterung es durch ihr Handeln erfährt.

Es ist recht beunruhigend, so viele Kinder ohne Vater aufwachsen zu sehen; es ist jedoch schlimmer, wenn Väter ihre Rechte in Anspruch nehmen und sich über ihr Kind an einer Frau rächen und beweisen, daß ihr Haß gegen die Frau größer ist als die Liebe zum Kind. Ein solcher Vater liebt das Kind nicht mit dem Herzen, sondern mit dem Recht.

Wir entdecken zunehmend bei Scheidungen und deren Folgen, daß Männer und Frauen das Kind mißbrauchen, um sich gegenseitig zu bekämpfen, und daß das Gesetz, solange Väter und Mütter bei der Erziehung des kleinen Kindes nicht gleichgestellt sind, Scheidungskindern keine gerechte Zukunft zu geben vermag. Die Familiennormen sind weder gerecht noch realistisch. Solange man annimmt, daß der Mutterinstinkt stärker ist als der Vaterinstinkt, wird man künstlich Generationen von Kindern schaffen, die von Frauen erzogen werden und allen neurotischen Abweichungen ausgesetzt sind, die daraus entstehen können, sowohl im Hinblick auf Frauen als auch auf Männer.

Ebenso wie es ein gewisses natürliches Gleichgewicht zwischen Flora und Fauna gibt, das wir sooft stören, ohne es zu wissen – es hat lange gedauert, bis wir uns dessen bewußt wurden –, gibt es auch ein gewisses Gleichgewicht in der Familie, das auf Männlichkeit und Weiblichkeit basiert und nie respektiert wurde, so daß seit Antike und Christentum mehr oder weniger frauenfeindliche Staaten mit entsprechenden Gesetzen aufeinander folgten. Der Mann war im Mittelalter mit Kriegführung außerhalb beschäftigt, seine Frau hatte Vorrang beim Neugeborenen, und im Lauf der Jahrhunderte wurde sie der einzige Elternteil, der im Bereich des Unbewußten Einfluß nimmt, da nur sie in den ersten Jahren da ist, in denen die Strukturen des Unbewußten beim Menschen gebildet werden.

Wir müssen über eine neue Ordnung nachdenken, eine Art Familienökologie. Der Vater muß dabei ebenso an der Erziehung beteiligt sein wie die Mutter, denn deren Herrschaft hat zum Verschwinden des Vaters, zu seiner Ausstoßung aus dem Familiensystem geführt.

Wir müssen über die Art und Weise nachdenken, in der jeder von uns das Recht und auch den Wunsch hat, sich fortzupflanzen und auch am Produktionsprozeß seines Landes teilzunehmen. *Die Frauen sind mehr als Mütter, die Männer mehr als Arbeiter.* Dies haben wir vergessen, und so sind wir beim Krieg zwischen Mann und Frau angekommen, in dem das Kind meistens eher als Waffe denn als Verbindungsglied zwischen beiden Geschlechtern dient. Wir tun unseren Kindern Unrecht, wenn wir sie zu zweit in die Welt setzen und hinterher zwingen, einen der beiden zu verleugnen. Wenn man sie zwingt, eine Hälfte ihrer selbst zu verstoßen, bereitet man ihnen eine schwierige Zukunft. Jeder von uns wird begreifen, daß für die Männer die Zeit gekommen ist (ebenso wie die Frauen dies hinsichtlich ihrer Stellung im Berufsleben getan haben), ihre Anschauungen über die Familie und ihren Platz als Elternteil zu überdenken.

In den ersten Lebensmonaten des Kindes müssen Änderungen im Arbeitsleben vorgenommen werden, und der Staat muß die Tatsache berücksichtigen, daß eine Familie ohne Vater bei Jugendlichen zu heftigen Auseinandersetzungen (insbesondere bei Jungen) oder zur scheinbar unauffälligen, aber ebenso schlimmen Flucht in den Drogenkonsum führt. Die Familie mußte mit einer allzu schnellen Industrialisierung fertig werden, die die Väter ganze Tage lang von den Seinen entfernt. Die Frauen und Kinder, die sich daran gewöhnt hatten, ohne den Vater zu leben, leben auch nach der Scheidung ohne ihn, denn offenbar hat man alle Vorsichtsmaßnahmen getroffen, damit die Rolle des einen und anderen Elternteils sich nicht ändert. Heute weiß man, daß die Abwesenheit des Mannes zu einer gefühlsmäßigen Unzufriedenheit der Frau führt, die behauptet, er sei unfähig, sie zu lieben und zu verstehen, und ihre ganze Liebe dem Kind schenkt, dessen Anhänglichkeit sie gewiß sein kann, wenn sie ihm nur genug Zeit gewidmet hat. Der Schritt bis zur Scheidung und dem Recht, mit dem Kind zu leben, wie sie es immer getan hat, ist nur klein.

Die Justiz glaubte, richtig zu handeln, als sie das Leben des Kindes nicht änderte. Sie verpflichtete den Vater, Unterhalt zu zahlen (wie vorher auch), und die Mutter, ihre Rolle als wichtigster Elternteil fortzusetzen. Aber hier drückt der Schuh: Ist es gut für einen Menschen, nur einen Elternteil zu haben, nur eine Bezugsperson, nur eine Identifikation?

Man könnte antworten, daß eine geschiedene Frau ihr Leben von vorn beginnt und daß das Kind einen Vertreter des männlichen Geschlechts findet, der ihm ermöglicht, den ödipalen Prozeß (wenn es ein Mädchen ist) und den homosensuellen oder identifikatorischen (wenn es ein Junge ist) wiederaufzunehmen. Kann aber das Kind den Vater wechseln, ohne sich dabei schuldig zu fühlen, seinen wirklichen Vater, aus dem es hervorgegangen ist, zu »töten«? Die erwähnte Untersuchung ergab, daß in den Augen Jugendlicher der Vater nicht »ersetzt« werden kann. Man wird nicht ohne weiteres Sohn irgendeines Mannes, mag dieser noch so gute Eigenschaften haben. Die erste Frage, die alle Adoptivkinder stellen, ist: Wer hat mich im Stich gelassen und warum? Nur beim Menschen gibt es ein angeborenes Bedürfnis, seine Abstammung zu kennen, ganz als ob jeder von uns in der Lage sein wollte, seine Geschichte zu erzählen, und wenn sie noch so traurig ist. Beim Kind geschiedener Eltern verhält es sich nicht anders. Es hat das Bedürfnis, zu erfahren, warum sein Vater fortgegangen ist, und zwar aus dem Mund des Vaters und nicht in der Version der Mutter.

Das Kind kann nicht mit der Vorstellung leben, daß die Frau die Familie beherrscht und über den Status des Vaters bestimmt. Damit es sich aber anders verhält, muß das Kind mit seinem Vater von Anfang an ein Vertrauensverhältnis eingehen, das ebenso unzerstörbar ist wie die Beziehung zur Mutter.

Die Folge dieser ungelösten Konflikte ist eine dauerhafte Feindlichkeit gegenüber jenen Frauen, die sich in der Kindheit der Männer zuviel Macht angemaßt haben, weil ihre Söhne ihnen aufgrund ihres Alters unterlegen waren. Wenn sie erwachsen sind, erinnert sie jegliche auch noch so geringe Macht, die einer Frau zuerkannt wird, an die Unterlegenheit in der Kindheit. Dies ist für einen erwachsenen Mann inakzeptabel, und so wird jeglicher Gleichheitsgedanke gegenüber den Frauen im Keim erstickt.

Die Geschichte der Väter ist stark beeinflußt von Frauenfeindlichkeit und dem Kampf zwischen Männern und Frauen, die glaubten, es sei klug, ihre Arbeit aufzuteilen, und jetzt begreifen, daß ihnen dabei Wichtiges entgangen ist: den Frauen im Bereich ihrer Stellung in der Gesellschaft, den Männern bezüglich ihrer Stellung in der Familie.

Wir müssen endlich einer Tatsache, von der wir lange nichts wußten, Rechnung tragen: Das Unbewußte unserer Kinder entwickelt sich von null bis fünf Jahren zwischen Hetero- und Homosensualität, den unbewußten Grundlagen unseres Erwachsenenlebens. Wir dürfen keine Kinder mehr erziehen, ohne darauf Rücksicht zu nehmen.

Von unserer Haltung, unserer Gegenwart, unserer körperlichen und seelischen Vater- und Mutterliebe hängt das Leben der späteren Männer und Frauen ab, die wir zur Welt gebracht haben, damit sie uns überleben und einen Weg fortsetzen, auf dem sie glücklich sein sollen. Von uns hängt ihr Gleichgewicht von morgen ab. Als Kinder von Frauen mußten wir seit einem halben

Jahrhundert entweder unsere Identität als Frau oder unsere Gegenidentität als Mann verteidigen. Wir sollten den Menschen des nächsten Jahrhunderts eine weniger kriegerische Atmosphäre wünschen.

Epilog

Du warst groß und stark, und deine kräftige Stimme übertönte das Tosen des Südwinds. Du warst der Riese meiner Träume, der Löwe meiner Alpträume und ein Zauberer, wenn du bei schlechtem Wetter deine hohen Stiefel anzogst, die mich zwangen, drei Schritte zu machen, während du nur einen gingst.

Wenn du am Sonntag abend Wagner hörtest, durfte man keinen Laut von sich geben. Du hieltest die Augen geschlossen und nahmst am Walkürenritt teil, oder du hörtest versonnen, den Blick in die Ferne gerichtet, zum x-ten Mal die Violinsonate von César Franck, die, wie du sagtest, die Musik sein müsse, die man im Paradies hört. Bist du jetzt im Paradies, und siehst du mich von deinem Paradies aus?

Was für mich zählte und mir half, aufrecht und vorwärts zu gehen, war dein Blick, und ich erinnere mich an den Tag deines Todes, an dem ich, weil ich deine Augen noch einmal sehen wollte und glaubte, die Gleichgültigkeit auf deinem Gesicht nicht ertragen zu können, mit der Hand dein Augenlid hob. Vielleicht würdest du mich ja noch einmal ansehen. In diesem Moment habe ich dich verloren, denn dein Blick sah mich nicht mehr. Wie sollte ich ohne dich meinen Weg fortsetzen, nachdem ich so viel erreicht hatte, um deiner würdig zu sein, würdig, deine Tochter zu sein.

Die Jahre nach deinem Tode erschienen mir lang und schwierig, ich lebte wie in einem Nebel (Trauer ist um so schlimmer, wenn die Trennung plötzlich und unerwartet kommt), und im Lauf der Zeit wandelte sich dein Blick von außen in einen inneren Blick, eine Art unverlierbaren Halt. Ich fühlte mich als deine Tochter, ohne dich zu sehen oder zu hören. Ein kleines Licht hatte sich in mir entzündet, das der Abwesenheit und der Zeit trotzte.

Ich war überrascht, als ich einige Jahre später »nach Hause« kam und meine Mutter und die Familie begrüßte und an ihnen vorbeiging, als hätte ich jemandem noch nicht guten Tag gesagt. Ich ging durch den Flur auf dein Arbeitszimmer zu. Plötzlich blieb ich stehen, ich wußte doch, daß du nicht mehr da warst. Meine Füße von früher, die des kleinen Mädchens, das dir so oft auf Schritt und Tritt gefolgt war, suchten weiter nach dir. Kann unser Körper, erste und letzte Erinnerung unserer Liebe, wirklich vergessen? Kann mein Körper die Verbindung, die zwischen uns bestand, lange bevor wir miteinander sprechen konnten, beiseite schieben? Schließlich hattest du mich ja von Geburt an tief im Innern mit einem Zeichen versehen, das deine Vergangenheit und meine Zukunft prägte: Ich war deine »unmögliche Ergänzung«.

Anmerkungen

Vorwort
1 Christiane Olivier, *Jokastes Kinder,* München 1973.

Kapitel 1:
1 Jean-Jacques Rousseau, *Emile oder Von der Erziehung,* Stuttgart 1964, S. 726.
2 ebd., S. 125.
3 ebd., S. 726.
4 L'Histoire des pères et de la paternité, S. 289.

Kapitel 2:
1 Sigmund Freud, *Mein Leben für die Psychoanalyse.*
2 ebd., S. 46.
3 ders., *Drei Abhandlungen zur Sexualtheorie,* Studienausgabe Bd. V, Frankfurt 1972, S. 126.
4 Prost/Royer, *Mémoire sur la conversation des enfants,* 1778.
5 Sigmund Freud, *Sexualleben,* Studienausgabe Bd. V, Frankfurt 1980, S. 2. (Hervorhebungen von der Autorin.)
6 ders., *Totem und Tabu,* Studienausgabe Bd. IX, Frankfurt 1974, S. 430 f.

7 ebd., S. 427.

8 ebd., S. 430.

9 Donald Woods Winnicott, *Kind, Familie und Umwelt*, München 1969, S. 11.

10 ebd., S. 14.

11 ebd., S. 22.

12 ebd., S. 101.

13 ebd., S. 13.

14 Françoise Dolto, *Lorsque l'enfant paraît*, Le Seuil 1990, S. 171.

15 Joël Dor, *Le Père et sa fonction en psychanalyse*, Point hors ligne 1989. (Hervorhebungen von der Autorin.)

16 Jacques Lacan, »Les formations de l'inconscient«, in: *Séminaire* 1/1958.

17 Anika Lemaire, *Jacques Lacan*, Mardaga 1978. (Hervorhebungen von der Autorin.)

18 Joël Dor, a.a.O., S. 58. (Hervorhebungen von der Autorin.)

19 Jacques Lacan, a.a.O. (Hervorhebungen von der Autorin.)

20 ebd.

21 Bernard This, *Le Père: Acte de naissance*, Le Seuil 1980.

22 Joël Clerget, »Etre père aujourd'hui«, in: *Chroniques sociales*, Ed. du Cerf 1979, S. 69. (Hervorhebungen von der Autorin.)

23 Aldo Naouri, *Une place pour le père*, Le Seuil 1992, S. 9.

24 ebd. S. 318.

25 »Père et Paternité«, in: *Revue des affaires sociales* 11/1988, S. 54. (Hervorhebungen von der Autorin.)

26 ebd., S. 79.

27 Gérard Mendel, *Quand plus rien ne va de soi: apprendre à vivre avec l'incertitude*, Laffont 1979, S. 19.

28 ebd., S. 80.

29 *Revue des affaires sociales,* a.a.O., S. 149.

30 Gérard Mendel, a.a.O., S. 66.

31 ebd., S. 59.

32 *Revue des affaires sociales,* a.a.O., S. 16.

33 *Population et Avenir* (INED-Erhebung 1985), Nr. 587, S. 144.

34 *Revue des affaires sociales,* a.a.O., S. 144.

35 Evelyne Sullerot, *Quels pères? Quels fils?,* Fayard 1992, S. 168 f.

Kapitel 3:

1 Donald Woods Winnicott, *Das Baby und seine Mutter,* Stuttgart 1990, S. 2.

2 René Zazzo, *Où en est la psychologie de l'enfant?,* Gallimard 1988, S. 38.

3 *Enfance,* Sondernummer, 1959, S. 279–286.

4 René Zazzo, *L'Attachement,* Delachaux et Niestlé 1991, S. 23.

5 ebd., S. 266.

6 ebd., S. 148.

7 ebd., S. 100.

8 ebd., S. 92.

9 ebd., S. 27.

10 ebd., S. 212.

11 ebd., S. 124. (Hervorhebungen von der Autorin.)

12 Sigmund Freud, Drei Abhandlungen zur Sexualtheorie, a.a.O.

13 Boris Cyrulnik, *Sous le signe du lien: une histoire naturelle de l'attachement,* Hachette-Pluriel 1992, S. 104.

14 Dominique Simmonet, *L'Eveil des sens.*

15 Hubert Montagner, *L'attachement et les débuts de la tendresse,* Odile Jacob 1988, S. 80.

16 ebd., S. 119.

17 ebd., S. 126.

18 Aldo Naouri, a.a.O., S. 183.

19 Hubert Montagner, a.a.O., S. 174.

20 Tessy Berry Brazelton, *Les Premiers Liens*, Calmann-Lévy 1991, S. 51.

21 ebd., S. 134.

22 Boris Cyrulnik, a.a.O., S. 114.

23 ebd., S. 117.

24 ebd., S. 113. (Hervorhebungen von der Autorin.)

25 ebd., S. 112. (Hervorhebungen von der Autorin.)

26 ebd., S. 119.

27 Elisabeth Badinter, *XY: Die Identität des Mannes*, München 1994.

28 Tessy Berry Brazelton, a.a.O., S. 53. (Hervorhebungen von der Autorin.)

29 ebd., S. 85.

30 ebd., S. 56.

31 1993 von der Autorin durchgeführte Umfrage in zwei Entbindungskliniken (Montpellier-Pertuis) in Zusammenarbeit mit den Ärzten Belaiche und Grelet.

Kapitel 4:

1 Robert Stoller, *Masculin ou Féminin?*, PUF 1989, S. 311.

2 Elisabeth Badinter, a.a.O.

3 Philip Roth, *Tatsachen: Autobiographie eines Schriftstellers*, München 1991.

4 Christiane Olivier, *Jokastes Kinder*, München 1973, S. 117 bis 119.

5 Sigmund Freud, *Drei Abhandlungen zur Sexualtheorie*, a.a.O.

6 Ich verwende diesen Begriff ebenso wie den der Homosensualität, um identische Empfindungen bei Menschen desselben Geschlechts zu bezeichnen. Er ist nicht mit Homosexualität zu verwechseln. Umgekehrt bezeichnet

Heterosensualität den Unterschied der Empfindungen zwischen Menschen verschiedenen Geschlechts.

7 Sigmund Freud, *Sexualleben*, a.a.O.

8 André Green, *Nouvelle Revue de Psychanalyse*, Nr. 7, 1973, S. 255.

9 Charlie Lewis und Margaret O'Brien, *Reassessing, Fatherhood*, London 1987.

10 Umfrage der Autorin in drei staatlichen Gymnasien (Paris, Montpellier, Berr-l'étang) im Mai 1993.

11 André Green, »Bisexualité et différence de sens«, in: *Nouvelle Revue de psychanalyse*, Nr. 7, 1973.

12 Christiane Olivier, *Die Psychofamilie*, Düsseldorf 1988.

Kapitel 5

1 *Heure de vérité*, Fernsehsendung vom 31. Januar 1993 auf France 2 mit Jean-Marie Le Pen.

2 *7 sur 7*, Fernsehsendung vom 31. Januar 1993 mit Edouard Balladur.

3 Evelyne Sullerot, a.a.O., S. 108 f.

4 ebd.

5 ebd. S. 114

6 »Les pères divorcés en colère«, *52 à la Une*, Fernsehsendung auf TF1 vom Mai 1993.

7 ebd.

8 Umfrage von INSEE aus dem Jahr 1985.

9 Evelyne Sullerot, a.a.O., S. 113, Zahlen aus einer Erhebung von INED aus dem Jahr 1988.

10 Henri Leridon und Catherine Gokalp, »Entre père et mère«, *Population et société*, Nr. 220, Januar 1988.

Kapitel 6

1 »Ich bin eine bessere Mutter als meine Frau«, Fernsehsendung *Bas les masques* (Die Maske herunter), France 2 vom 14. September 1993.

2 Bericht von N. Lefaucheux über die Situation von Familien mit einem Elternteil für die EG im Jahr 1988 (INSEE).
3 Evelyne Sullerot, a.a.O., S. 230–240.
4 William Shakespeare, *Hamlet. Prinz von Dänemark.* Übersetzt von August Wilhelm Schlegel, Stuttgart 1969, III, 1, S. 55.
5 Jean-Denis Bredin, *Un enfant sage,* Paris 1990, S. 17.

Kapitel 7
1 F. Filelfe, zit. in: *Histoire des pères et de la paternité,* a.a.O.

Die Angaben der Autorin zu rechtlichen Sachverhalten beziehen sich auf den Geltungsbereich des französischen Rechts (A.d.Ü.).

Bibliographie

Badinter, Elisabeth: XY: Die Identität des Mannes. München 1994

Brazelton, Tessy Berry: Les Premiers Liens. Paris 1991 (auf deutsch erschienen: Babys erstes Lebensjahr. München 1994)

Bredin, Jean-Denis: Un enfant sage. Paris 1990

Clerget, Joël: Etre père aujourd'hui. In: Chroniques Sociales, 1979

Cyrulnik, Boris: Sous le signe du lien: une histoire naturelle de l'attachement. Paris 1992

Dolto, Françoise: Lorsque l'enfant paraît. Paris 1990

Dor, Joël: Le père et sa fonction en psychanalyse. Paris 1989

Freud, Sigmund: Drei Abhandlungen zur Sexualtheorie. Studienausgabe Bd. V. Frankfurt am Main 1972

–: Sexualleben. Studienausgabe Bd. V. Frankfurt am Main 1980

–: Totem und Tabu. Studienausgabe Bd. IX. Frankfurt am Main 1974

Green, André: Bisexualité et différence de sens. In: Nouvelle Revue de psychanalse Nr. 7, Paris 1973

Lacan, Jacques: Les formations de l'inconscient. In: Séminaire 1/1958 (auf deutsch erschienen: Das Seminar, Buch 1. Hrsg. Norbert Haas. Weinheim 1990)

Lemaire, Anika: Jacques Lacan. Lüttich 1978

Leridon, Henri und Gokalp, Catherine: Entre père et mère. In: Population et société Nr. 220, 1988

Mendel, Gérard: Quand plus rien ne va de soi: apprendre à vivre avec l'incertitude. Paris 1979

Montagner, Hubert: L'attachement et les débuts de la tendresse. Paris 1988

Naouri, Aldo: Une place pour le père. Paris 1992

Olivier, Christiane: Jokastes Kinder. München 1973

Père et Paternité (Kolloquium). In: Revue des affaires sociales Nr. 11, 1988

Population et Avenir. INED-Erhebung Nr. 587. 1985

Prost/Royer: Mémoire sur la conversation des enfants. Paris 1778

Roth, Philip: Tatsachen: Autobiographie eines Schriftstellers. München 1991

Rousseau, Jean-Jacques: Emile oder Von der Erziehung. Stuttgart 1964

Shakespeare: Hamlet, Prinz von Dänemark. Übersetzt von August Wilhelm Schlegel. Stuttgart 1969

Stoller, Robert: Masculin ou Féminin? Paris 1989

Sullerot, Evelyne: Quels pères? Quels fils? Paris 1992

This, Bernard: Le Père: Acte de naissance. Paris 1980

Winnicott, Donald Woods: Kind, Familie und Umwelt. München 1969

–: Das Baby und seine Mutter. Stuttgart 1990

Zazzo, René: Où en est la psychologie de l'enfant? Paris 1988